Nancy Antell · Birgit Nielsen
Zu Gast in Kalifornien

Nancy Antell · Birgit Nielsen

Zu Gast in Kalifornien

Kulinarische Köstlichkeiten

mit Bildern von Sylvia Hofflund

Weingarten

Die Abbildung auf dem Schutzumschlag zeigt ein Bungalow Restaurant in Pasadena.

Die Autorinnen danken
Hans-Jürgen Schacht; Alice Waters und Gayle Peary von Chez Panisse, Berkeley; Ed Brown, Tassajara; John Duffy und Steeve Crook vom California Dept. of Fish & Game in Sacramento und Long Beach; dem California Dept. of Agriculture; der Monterey County und der Salinas Chamber of Commerce; Pat Forrest vom Napa Valley Conference & Visitors Bureau; Napa Valley Vintners Association und Motto, Krylar & Fischer; Garry und Lib Lees; Nancy Locke; Manuela Rusczcynski und Hannelore Nielsen.

Die Deutsche Bibliothek – CIP-Einheitsaufnahme

Antell, Nancy:
Zu Gast in Kalifornien: Kulinarische Köstlichkeiten / Nancy Antell; Birgit Nielsen.
Mit Bildern von Sylvia Hofflund. – Weingarten: Weingarten, 1997
ISBN 3-8170-0019-7

© by Kunstverlag Weingarten 1997
Satz: Riedmayer GmbH, Weingarten
Reproduktionen: repro-team gmbh, Weingarten
Gesamtherstellung: Druck- und Verlagshaus Erfurt seit 1848, GmbH, Erfurt
Printed in Germany
ISBN 3-8170-0019-7

Inhalt

Zu Gast in Kalifornien

Kalifornien mag bei Freizeitgourmets, Globetrottern und Hobbyköchen, die es noch nicht kennen, eher klischeehafte Vorstellungen erwecken: Sonne, Autos, Surfbretter, Hamburger-Stände und Hot Dogs, Palmen, Silikon, Disneyland, Erdbeben, Golden Gate, Flower Power und vieles mehr, was ihnen dank der Medien je ins Haus flatterte. Klischees versäumen allerdings ein getreues Bild von einem Land zu zeichnen, dessen landschaftliche Schönheit wie auch kulturelle und landwirtschaftliche Vielfalt einzigartig in den USA ist.

Kalifornien ist von der Landfläche her nach Alaska und Texas der drittgrößte Staat der USA. Seine Bevölkerungsdichte konzentriert sich in den Metropolen, am stärksten in Los Angeles, der zweitgrößten Stadt der USA, in deren weitausgedehntem „Zentrum" 3,5 Millionen Menschen wohnen, deren größeres Einzugsgebiet inklusive Riverside und Orange Counties jedoch 15 Millionen Einwohner zählt. Nach Westen hin grenzt die kalifornische Küste mit etwa 2.000 km Länge an den Pazifik; die östliche Grenze des Bundesstaats nach Nevada und Arizona liegt im Durchschnitt 400 km von der Küste entfernt.

Auch in seiner Landschaft steckt Kalifornien voll extremer Gegensätze: Der höchste Gipfel der Vereinigten Staaten (Mount Whitney, 14,496 ft, = 4.418 m) liegt nur 100 km vom niedrigsten Punkt der USA (und heißesten Ort mit den geringsten Regenfällen pro Jahr) entfernt, dem 90 m unter dem Meeresspiegel liegenden Badwater in Death Valley. Fast alle zwischen diesen Extremen anzuordnenden Landschaften sind in Kalifornien auch vorhanden: sonniger Sandstrand, herrliche einsame Buchten, dichte Wälder, sanfte Hügelketten, ein farbenkräftiger Blumenteppich, der sich im Frühjahr soweit das Auge reicht über Hänge und Wiesen ausbreitet, Gebirgsbäche, Wüste und sehr schön gelegene Seen. Trotz der Größe des Staates ist alles erreichbar. So können Sie z. B. an einem warmen Märzmorgen, sagen wir bei lauen 20 °C, zum Skilaufen fahren und sind nachmittags oder abends wieder zu Hause. Oder als Alternative hierzu liegt ein Tagesausflug an den Strand oder in die Wüste für viele Kalifornier in gleicher Nähe.

Von den ersten Tagen seiner Entdeckung an wurde wohl kaum ein anderes Land derart paradiesisch beschrieben wie dieses Eldorado. 1533 entdeckte der Seefahrer Ximenes *Baja California* (die untere, zu Mexiko gehörende Halbinsel); Cortés (Cortez) benannte sie 1535 *California* und erst 4 Jahre später entdeckte Ulloa, daß die vermeintliche Insel von paradiesischer Schönheit ein Teil des Festlands war. Der portugiesische Seefahrer Cabrillo beanspruchte schließlich das Land 1542 im Namen der spanischen Krone.

1697 wurde die erste jesuitische Mission in Baja California erbaut. Nach der Verbannung der Jesuiten 1767 aus allen spanischen Kolonien machte sich Pater Junipero Serra, der Patronsheilige Kaliforniens, mit 16 Franziskanermönchen und ein paar Eseln auf die Reise durchs Land entlang des *El Camino Real* („Königliche Landstraße"). Zwei Jahre später weihte er die erste Missionskirche in San Diego ein. 1781 wurde Los Angeles gegründet und 1804 Monterey zur Hauptstadt von *Alta California* ernannt (seit 1854 ist es Sacramento). Nach unzähligen Indianeraufständen, bei denen aus Protest gegen die oft unmenschliche Behandlung der Indianer durch die Franziskanermönche einige der von den Einheimischen miterrichteten Missionskirchen in Flammen aufgingen, sowie nach verschiedenen Revolten zwischen Mexiko und Spanien erklärt Mexiko 1821 seine Unabhängigkeit und behält *California* als mexikanisches Territorium.

Nachdem die Russen bereits 1812 bis nach Fort Ross (nördlich von San Francisco) vorgedrungen waren und dort eine Festung errichtet hatten, begann die halbherzige Besiedlung Kaliforniens. Meist waren es *Californios,* spanische Landbesitzer aus Mexiko, die den Reichtum ihrer Ranchos nicht mit anderen Immigranten teilen wollten.

Einige wenige Trapper kamen auf dem Landweg nach Kalifornien und gelangten durch den Fellhandel in kürzester Zeit zu großem Reichtum. 1841 lief der erste Eisenbahnzug voller Immigranten aus dem Mittleren Westen in Kalifornien ein. Im gleichen Jahre wurde der erste Goldfund bestätigt. Die mexikanische Regierung verbot 1845 jegliche weitere Immigration nach Kalifornien. 1846 brach der Amerikanisch-Mexikanische Krieg aus, und dann kam 1848 der Fund mit ungeahnten Folgen: Gold wurde in John Sutter's Mühle am American River entdeckt. Der *Gold Rush* begann, und die kalifornische Bevölkerung wuchs zwischen 1847 bis 1850 von 15.000 auf fast 100.000. Innerhalb der nächsten 10 Jahre stieg die Bevölkerung auf knapp 400.000 (seit den Kreuzzügen hatte es keine derartige Völkerwanderung gegeben). 1850 wurde Kalifornien dann in die Union der Vereinigten Staaten aufgenommen.

Kaliforniens Gold nimmt vielerlei Form an; für die ersten Goldgräber waren es Goldklumpen, für arbeitsuchende Neuankömmlinge und Umsiedler aus den USA hing es in Form von Orangen an den Bäumen und in neuerer Zeit versprach elektronisches „Gold" in Form von Computer-Chips aus dem Silikon-Tal unermeßlichen Reichtum. Was diese unterschiedlichen Zuwanderer gemein hatten, war ihr Traum von der selbst entdeckten Goldader, ganz gleich wie sie nun letztendlich aussah. Mit diesem Traum einer goldenen Zukunft an der Westküste begann der vielleicht stärkste und bis heute andauernde Ruf zum Aufbruch, Zelte packen und neu anfangen: *Go West.*

Die Attraktivität des Staates hat sich trotz Arbeitsplatzstreichungen und der Schließungen bedeutender Industriezweige wie Flugzeugbau und Rüstung während der letzten paar Jahre kaum vermindert, und vielleicht ist es daher tatsächlich die Schönheit und das Kli-

Mission in Santa Barbara

ma des Landes, die Vorstellung von ewigem Sonnenschein und Wärme, oder der Traum vom *free and easy* Lebensstil, gekoppelt mit Esprit und innovativem Denken – was auch immer es sein mag, ein Teil von Kaliforniens Gold liegt vor allem auch auf dem Teller.

Zuwanderer erkannten schnell, daß dies ein Land war, dessen Klima ideale Anbauverhältnisse bot und somit eine garantierte Ernte versprach. Schnee fällt ausschließlich in den Hochebenen und den Bergen; Talebenen, Hügel und Küstengebiete kennen weder Frost noch Schnee. Das breite *Central Valley,* das San Joaquin Tal, das sich nördlich von Sacramento über 400 Meilen (ca. 650 km) bis nach Südkalifornien erstreckt, ist das reichste Agraranbaugebiet der Welt.

Hier wachsen Rosinen, Artischocken, Oliven, Mandeln, Zitrusfrüchte und eine Vielzahl von Gemüsen. In den Napa und Sonoma Tälern nordöstlich von San Francisco wird Wein angebaut. Albacore, Skipjack oder Yellowfin Thunfisch, Lachs, Krebs- und Muscheltiere werden vor der Küste gefangen und kalifornische Forellen aus den Gebirgsbächen sind nicht nur bei Hobbyfischern beliebt. Entlang der Küste von Monterey und Salinas bis nach Ventura erstrecken sich Felder voller Erdbeeren, Blattsalat, Artischocken, Spargel und Broccoli. Im mit Mammutbäumen, Kiefern und Tannen tief bewaldeten Norden Kaliforniens und den Gebirgsbächen der Sierra Nevada fließt kristallklares Wasser. Im südlichen Tal des Todes und der Mojave Wüste stehen Dattelpalmenhaine, und in unzähligen kleinen Orten entlang der Serpentinenstraßen durch das hügelige Hinterland Kaliforniens wird hausgemachter Wildblumenhonig verkauft.

Der Pioniergeist, der die Menschen gen Westen trieb, lebt noch heute, u.a. in der *California Cuisine,* die sich am besten so definieren läßt: ein gesundes, schmackhaftes Essen aus den frischesten, besten Agrarerzeugnissen und Zutaten zuzubereiten. *California Cuisine* entstand in den 70er Jahren, und ist u.a. der Gastronomin Alice Waters zu verdanken, die in Berkeley ihr Restaurant „Chez Panisse" betreibt. Die Zutaten zum Menü einer jeden Woche werden mit Liebe und Sorgfalt jeden Tag neu bei Öko-Landwirten, Bio-Geflügelfarmern und Fischern ausgesucht. Brot wird nur bei den besten Bäckern Kaliforniens bestellt.

Seit ihren Anfängen bis heute wird die Agrarwirtschaft von den weit ausgedehnten Farmanlagen, den ehemaligen Ranchos, bestimmt. Klassische Beispiele für das alte Farmland Kaliforniens aus den 30er Jahren stellte John Steinbeck in seinen Werken „Of Mice and Men" (Von Mäusen und Menschen), „East of Eden" (Jenseits von Eden), „Cannery Row" (Die Straße der Ölsardinen) und „The Grapes of Wrath" (Die Früchte des Zorns) dar.

Diesen Großbetrieben stehen die kalifornischen Kleinst- und organischen Farmer gegenüber, die in den letzten 10 bis 20 Jahren erneut gegründet wurden und von Restaurants wie „Chez Panisse" und Wochenmärkten gefördert und am Leben gehalten werden. Viele dieser Kleinstfarmen spezialisierten sich u.a. auf die Kultivierung von ausgefallenen Produkten, wie mehrfarbigen und gestreiften Tomaten, gelben und orangen Zucchinis, orangen Paprika und weißen Auberginen – Produkte aus organischem Anbau, die aufgrund ihrer hohen Anfälligkeit für Schädlinge und eines relativ geringen Absatzmarktes sonst nicht so leicht auf den Teller wandern würden. Gerade diese innovative und inspirierende Zusammenarbeit von Trendsetter-Restaurants mit kleinen Öko-Landwirten definiert den *California Spirit* am besten: Beschränken Sie sich nie auf die Gegebenheiten, sondern suchen Sie stets nach natürlichen Wegen, um das Leben schöner und erfreulicher zu gestalten. Alternativen brauchen wirklich nicht langweilig zu sein.

Der Phantasie sind in Kalifornien keine Grenzen gesetzt, und das schlägt sich auch mit bleibendem Effekt im ästhetischen wie kulinarischen Geschmack des Landes nieder. Kaum ein anderer US-Staat verzeichnet eine so große kulturelle Vielfalt wie Kalifornien. Neben alteingesessenen Bevölkerungsgruppen wie Amerikanern mexikanischer und chinesischer Abstammung, fanden hier Vietnamesen, Koreaner, Armenier, Russen, Japaner, Thailänder sowie Menschen von den Philippinen, Guatemala, El Salvador, Äthiopien, der arabischen Welt und Europa ihr neues Zuhause. In so mancher städtischen Hochschule ist für die Hauptzahl aller Studenten Englisch eine Zweitsprache, denn muttersprachlich werden über 100 verschiedene Sprachen gesprochen. San Francisco und LA-Telefonbücher listen Restaurants nach Nationalitäten und Regionen, z. B. Szechuan, Hunan oder Peru.

Dieses bunte ethnische Gemisch zaubert immer wieder neue kulinarische Kreationen hervor und da nach dem Motto „nur das Beste frisch auf den Teller" gekocht wird, verschmelzen hier im *True-California-Style* multikulturelle Einflüsse und kreative Kochkunst.

In diesem Kochbuch sind sowohl Beispiele der neuen kalifornischen Küche als auch ethnische Spezialitäten wie Kung-Pao Chicken, Sushi und Burrito aufgezeichnet. Traditionelle Gerichte der kalifornisch-amerikanischen Küche wie Muffins und Cookies, Pies, Chilis und Chicken Wings sowie das allseits beliebte Barbecue werden jedoch nicht außer acht gelassen. Wir haben uns auch bemüht, die Bedeutung der indianischen Küche auf Essensgewohnheiten weltweit aufzuzeichnen.

Was uns aber am meisten am Herzen liegt, ist folgende Empfehlung: Lassen Sie Ihrer Phantasie in der Küche freien Lauf, denn nicht alles, was in Kalifornien das ganze Jahr über erhältlich ist, läßt sich in Deutschland so einfach, schnell und billig erwerben. Nutzen Sie die frischen Erzeugnisse vom Markt, wann auch immer sie Ihnen zur Verfügung stehen. Unsere Rezepte sollen die Phantasie beflügeln; haben Sie Spaß am Kochen – *Californian Cuisine* wurde nicht entwickelt, um bierernst genommen zu werden, es ist vielmehr eine Lebenseinstellung. Experimentierfreudigkeit und ungewöhnliche Kombinationen sind Leitmotive für das Leben in Kalifornien. Immer mal was Neues, Frisches, Ungewöhnliches. Glauben Sie uns kein Wort, kochen Sie, was Ihnen Freude macht. Lassen Sie sich anregen, beflügeln und erfinden Sie Ihre eigenen kalifornischen Salate, Pasta-Spezialitäten oder Crazy Muffins.

Für jeden Einwanderer war Kalifornien eine Entdeckungsreise, auf der Unerwartetes am Wegesrand lag – begeben Sie sich, wie einst die Goldgräber oder der heute nicht enden wollende Strom von Touristen und Neueinwanderern auf eine Entdeckungsreise, und das in Ihrer Küche.

Enjoy! It's worth the trip.

Los Angeles und San Francisco

Los Angeles, häufig auch *City of Angels* (Stadt der Engel), LA oder *The Big Orange* (im Gegensatz zu The Big Apple = New York City) genannt, ist durch sein weitläufiges Stadtgebiet die Inkarnation einer Großstadt, wie man sie in der Stadtplanung vor ungefähr 50 Jahren als Weg in die Zukunft vor Augen hatte. Wachstum horizontal und nicht vertikal, was nur an der dünn besiedelten Westküste möglich war. In Los Angeles sollten viele neue Arbeitsplätze, weitläufige Wohngebiete und gute kompakte Einkaufs- und Vergnügungsmöglichkeiten entstehen, die alle mit dem Auto, oder aus dem Auto heraus, erreicht oder erlebt werden konnten.

Das erste Motel steht zwar nicht in LA, dafür aber in Kalifornien; Drive-In Kinos und Drive-Thru Fast Food Restaurants kommen aber sicher aus LA. Noch heute sind Los Angelenos auf das Auto angewiesen, jedoch wird die Weitläufigkeit der Stadt heute eher als ihr Nachteil angesehen; man lebt nebeneinander in autonomen Stadtteilen, und seither wird LA die Großstadt der Vororte genannt, denn statt eines zentralen Stadtzentrums verfügt LA und seine vielen Einzugsgebiete über viele innerstädtische Zentren.

Los Angeles regeneriert sich trotz aller Unruhen und Naturkatastrophen ständig, dies um so unverständlicher für jene, die diese Stadt schnöde als hoffnungslos verloren abtaten. Sie dient noch heute als Anziehungspunkt schlechthin für die internationale Filmindustrie, für arbeitsuchende Amerikaner, Neueinwanderer und Künstler aus aller Welt. Zwischen all den Freeways (Stadtautobahnen), den Malls (riesigen fabrikähnlichen Einkaufszentren) und endlosen Boulevards befindet sich so manch liebevoll umsorgter Kleingarten, herrlicher Naturpark, ein Theater, Museum, Café und eine Kunstgalerie oder ein Buchgeschäft, Trödelladen und Gourmet-Restaurant.

Der multikulturelle Einfluß ist so belebend, daß viele Kritiker und Journalisten seit Jahren behaupten, so manch anderes nordamerikanische Kunstzentrum sei „tot" im Vergleich zu dem, was derzeit in Los Angeles passiert.

Auf ähnliche Art und Weise ist das Unvorstellbare für San Franciscans Feinschmecker geschehen: die besten, innovativsten kalifornischen Gourmetköche und Restaurants

Kleiner Imbiß in der Stadt, Los Angeles

befinden sich heute in LA und nicht mehr exklusiv in San Francisco. San Francisco war jahrzehntelang der elegante Gegenpol zu Los Angeles. Im Gegensatz zu LA rühmte sich die *City on the Bay* seiner kulturellen Einrichtungen, seiner ästhetischen Architektur und Lebensqualität von europäischem Charm. In San Francisco lebte der Geist und die Muse, in Los Angeles war angeblich alles Mickeymaus und Plastik. In San Francisco konnte man fein essen gehen, die Oper besuchen, über Theaterstücke und Kunst oder Wein mit Insidern fachsimpeln. In Los Angeles gab es – so die Kritiker – nur Kino, Cola und Popcorn. San Francisco war offen und frei für alternative Kultur, siehe Hippie und Gay Culture; Los Angeles hingegen war die Heimat von Starlets und Ken & Barbie. Genug der Vorurteile.

Da San Francisco rein geographisch betrachtet begrenzt ist – das eigentliche Stadtzentrum liegt wie eh und je an der Spitze der Halbinsel –, hat sich hier ein ähnlicher Trend entwickelt, wie es in Los Angeles schon immer so war: viele San Franciscans leben tatsächlich in den weit verstreuten Einzugsgebieten der Bay Area. Zudem hat sich die Computerindustrie im Silicon Valley angesiedelt, z. B. in San Jose, Cupertino und Palo Alto; San Franciscos berühmte, elitär-revolutionär bahnbrechende Universitäten Berkeley und Stanford liegen auf der anderen Seite der Bay, und wer sein Geld verdient hat und sich ein schönes Haus kaufen will, zieht gen Norden in das landschaftlich bezaubernde Marin County auf der anderen Seite der Golden Gate.

Seitdem sich alteingesessene Industriezweige verlagert haben, z. B. die Schiffs- und Frachtindustrie, bzw. die Erträge des Fischfangs erheblich nachgelassen haben, sind San Franciscos heutige Hauptindustrien die Banken, die Börse, Versicherungen und der Tourismus.

Wer Kalifornien besucht, wird auf jeden Fall Station in San Francisco machen und sollte seinen Besuch auf mehr als einen Tag ausdehnen. Es lohnt sich nach wie vor in San Francisco essen zu gehen und genüßlich durch die Läden und Cafés, Gallerien und Büchereien zu streifen, und wer des Fahrens der schwindelerregenden Straßensteigungen müde wird, kann mit den Cable Cars durch die Stadt gondeln. San Francisco ist immer noch eine Touristenattraktion ersten Ranges.

Zwei unterschiedlichere Stadtzentren, zwei polar entgegengesetztere Metropolen wie San Francisco und Los Angeles lassen sich in kaum einem anderen Land oder Bundesstaat finden. Obwohl Los Angeles tatsächlich eine historisch ältere Siedlung ist als San Francisco, wird SF noch heute als die „alte", die „traditionsreiche" Stadt an der Westküste gesehen, quasi die Reinkarnation der alten Welt und einsamer Posten alter Werte an der „neuen" Küste. LA hingegen wurde als „die neue Metropole" definiert, die alle Werte des Ostens und der alten Welt absichtlich zurückließ oder sie ignorierte, um ihre bewußte Trennung vom Alten zu unterstreichen. Einwohner der beiden größten kalifornischen Städte streiten sich gerne über die Vor- und Nachteile ihrer gegensätzlichen Wohnsitze – ohne jemals anzusprechen, daß beide typisch kalifornisch sind: ein kultureller Treffpunkt, ein Zentrum von Innovation und Neubeginn, ein Anreiz, die Welt und unser Leben neu zu definieren, ohne unseren Ursprung zu vergessen.

Die Kalifornische Kochkunst

Kalifornien ist ein Land von überwältigender Schönheit der Natur, ein Land des Überflusses und einer der reichsten, ertragreichsten Agrarstaaten der Welt. Wir haben uns bemüht, unsere Rezepte so zu gestalten, daß Sie sie leicht aus Zutaten zusammenstellen können, die auch in den deutschsprachigen Ländern erhältlich sind. Allerdings werden Sie manchmal nicht alle Zutaten auf Anhieb finden. Dies können Sie allerdings sehr zu Ihrem Vorteil nutzen. Kochen Sie mit Phantasie im Sinne des innovativen *California Spirit* mit allem, was bei Ihnen frisch erhältlich ist und probieren Sie völlig neue Zusammenstellungen aus. Unsere Rezepte sollen die Phantasie beflügeln; haben Sie Spaß am Kochen. *Californian Cuisine* wurde nicht entwickelt, um bierernst genommen zu werden – es ist vielmehr eine Lebenseinstellung.

Zum besseren Verständnis – und Gelingen – dennoch einige Anmerkungen zu amerikanischen Kochrezepten vorab:

Zucker

Kuchen und Kekse werden in den USA oft mit mehr Zucker gebacken als in anderen Ländern. Wir haben uns bemüht, unsere Rezepte so zu gestalten, daß sie auch dem deutschen Geschmack entsprechen. Sollten Sie allerdings amerikanische Rezepte aus ihrer eigenen Sammlung probieren oder mit unseren verbinden wollen, ist es ratsam, die angegebene Zuckermenge um mindestens ¼ zu reduzieren. (Beispiel: Im traditionellen Chocolate Chip (Seite 155) oder Oatmeal Raisin Cookie Rezept (Seite 157) soll oft sowohl Zucker als auch Honig (in Oatmeal Cookies z. B.) plus Schokolade oder Rosinen verwendet werden). Für manchen Europäer, der deutsche Kuchen gewohnt ist, sind diese Kekse zu süß. Amerikaner kochen zudem sehr gerne mit „Brown Sugar", der feinkörnig, karamel- bis dunkelbraun und klebrig und daher fest ist. Seine Konsistenz kommt daher, daß er mit Zuckerrohrsirup zubereitet wurde und darum sehr aromatisch ist und den Kuchen somit auch geschmacklich verändert. Der in Deutschland erhältliche Rohzucker ist grob und kristallkörnig und wird diesen Effekt beim Kochen nicht erreichen. In den Rezepten haben wir „Brown Sugar" als „Braunen Zucker" übersetzt und empfehlen, daß Sie, falls Sie ihn nicht im Supermarkt finden, es mal bei einem Importgeschäft versuchen. Viele Asienläden importieren „Brown Sugar" aus England.

Käse

Die gebräuchlichsten europäischen Käsesorten, vor allem Tilsiter, Esrom, Lindenberger, Gouda, Schweizer usw., sind generell sehr viel intensiver im Geschmack als die amerikanischen. Die Standardkäsesorten wie milder Cheddar und Monterey Jack lassen sich am besten durch milden Gouda, Leerdamer oder Edamer ersetzen.

In der *California Cuisine* werden vor allem europäische Käsesorten verwendet, vorrangig frisch geriebener Parmesan sowie Romano-Käse, ein trockener scharfer Schafskäse, der oft mit Parmesan vermischt gereicht wird. Weiterhin werden Mozzarella und Ricotta, frischer und reifer Ziegenkäse wie auch Schafskäse viel verwendet.

Quark ist in Kalifornien wie im Rest der USA unüblich. Käsekuchen wird mit Philadelphia gemacht und hat auch sonst keine Ähnlichkeit mit deutschem Käsekuchen. Gesundheitsbewußte können in Kalifornien alle möglichen Käsesorten inkl. Mozzarella und Ricotta auch in fettarmer Ausführung kaufen, das gleiche gilt für Schlagsahne, saure Sahne und Joghurt.

Öl

Wir verwenden grundsätzlich, und ganz besonders für Salate, nur *Extra Virgin Olive Oil* (d. h. kalt gepreßtes, tief grünes Olivenöl aus der ersten Pressung, in der die meisten Aroma- und Geschmacksstoffe erhalten sind). Andere herkömmlich erhältliche Olivenöle sind hell in der Farbe und entstanden aus zweiter, dritter oder vierter Pressung und sind daher entsprechend weniger geschmackvoll, allerdings auch billiger. Diese können Sie zum Braten, Dünsten oder Kochen verwenden.

Versuchen Sie Extra Virgin Olivenöl mal in einem türkischen oder griechischem Geschäft zu bekommen, dort ist es oft erheblich billiger als im deutschen Supermarkt. In den Rezepten haben wir, der Einfachheit halber, „Olivenöl" aufgeführt – im Falle von Salaten ist damit immer *Extra Virgin Olive Oil* gemeint. Andere Öle, wie Sesam-, Walnuß- oder Erdnußöl, sollten in Deutschland leicht erhältlich sein.

Gewichte und Maße

Wir haben unsere Rezepte deutschen Maßeinheiten angepaßt. Bei manchen Maßeinheiten war es uns allerdings nur schwer möglich, sie den deutschen Angaben genauestens anzupassen. Ein amerikanisches Pfund z. B. sind 454 g, so brauchen Sie von daher bei unseren Pfundangaben nicht 100 % genau auf 125 g, 250 g oder 500 g abwiegen – wir hielten es für einfacher, Pfundangaben abgerundet zu belassen, statt Ihnen komplizierte Zwischenmengen zu empfehlen. Alle Rezepte wurden ausprobiert und der freie Umgang (plus minus 10–40 g) wirkte sich nicht negativ aus.

Amerikaner wiegen Mehl und Zucker in cups (Tassen). Eine Tasse gewöhnliches Mehl wiegt 120 g, nur Masa Harina ist geringfügig schwerer.

1 TL und 1 EL jeweils gestrichen, falls nicht anders erwähnt

Alle Rezepte sind, falls nicht anders angegeben, für 4 Personen.

Wichtige Begriffe der Kalifornischen Küche

Abalone

Seeohr oder Mollusk, das viel für seine perlmutthaltige Schale, die 20 bis 30 cm groß und oval ist, gestochen wurde. Abalones haften mit einem großflächigen Muskel (ihrem Fuß) am Gestein vor der pazifischen Küste. Sehr beliebt bei Seeottern. Der Bestand der Abalones ist stark zurückgegangen, so daß jetzt nur noch ganz begrenzt nach ihnen getaucht werden darf (z. B. kein Tiefseetauchausrüstung). Das Muskelfleisch wird zu einem Steak flach geklopft oder geschnetzelt und braucht nur wenige Minuten zu kochen. Äußerst zartes, sehr schmackhaftes Fleisch, heute eine Delikatesse in Kalifornien. Da Otter nicht mehr gefangen oder gejagt werden dürfen, leidet der Abalonebestand auch unter Ottern, für die Abalone Lieblingsnahrung ist. So ist das Leben!

Adobo

mexikanische tiefrote, pikante Sauce aus gemahlenen Chilischoten, Kräutern und Essig. Wird viel als Marinade, z. B. für Chipotle Chilis im Glas oder in der Dose verwendet, aber auch als Sauce.

Ahi

der hawaiianische Name für Yellowfin Tuna.

Albacore Tuna

weißer Thunfisch, am besten für die Konservierung geeignet und der einzige Thunfisch, der in den USA mit Dosenaufschrift „white meat tuna" verkauft werden darf.

al dente

(ital.) Pasta sollte nach dem Kochen weich, aber noch bißfest (al dente) sein.

Alfalfa

kleine braune Samen der Luzerne. Obwohl die Pflanze hauptsächlich für Viehfutter angebaut wird, werden die Sprossen aufgrund ihres hohen Eiweiß- und Vitamingehalts gerne als Nahrungsmittel verwendet. Hinweise, wie Sie Sprossen auf der Fensterbank selbst keimen können, finden Sie in jedem Vollwertkochbuch.

Ancho Chili

Anchos sind getrocknete, trichterförmige, dunkelrote Chilischoten. Relativ mild, zeichnen sich aber durch einen kräftigen, leicht rauchigen Geschmack aus, der sich besonders gut in gekochten Salsas macht.

Angel Hair Pasta

superdünne Spaghetti, die entsprechend schnell kochen. Werden oft mit Fisch und Meeresfrüchten serviert und ergeben durch ihre Feinheit ein eher leichtes Nudelgericht.

Annato/Achiote

kleine rote Gewürzkörner, die ihren Geschmack und Farbe freisetzen, indem man sie erst in Wasser aufkocht und dann in Öl ziehen läßt. Das Öl wird dem Reis beim Kochen in kleinen Mengen hinzugefügt. Es verleiht ihm eine blasse, rotgelbe Farbe und einen satten, pikanten Geschmack (für *Spanish Rice*). Nicht vergleichbar mit Saffran oder Curry. Bitte beachten: Niemals ganze Körner ins Essen oder an den Reis geben, da Annato viel zu scharf und bitter ist.

Als *Achiote* wird oft eine fertige Gewürzmischung aus Annatto, Knoblauch, Cumin, Essig und Kräutern bezeichnet.

Arugula

auch als Roquette oder (in Deutschland vielfach) Rucola Salat bekannt. Als Salat in Europa oft sehr viel großblättriger als in den USA, wo die Blätter klein als Gewürz oder in Baby-Blattform zum Baby Greens Salad verwendet werden. Längliche sattgrüne Blätter, die an den Seiten fingerartig auseinander gehen. Leicht bitter, oft lakritzartig.

Avocado

in Kalifornien werden beide Arten von Avocado verkauft, wobei die kleine, dunkle und mit pockiger Haut versehene Huss (oder Haas) Avocado häufiger vertreten ist als die große grüne, glatthäutige Avocado, die z. B. in Florida wächst. Kleine Huss (Haas) Avocados zeichnen sich durch eine kräftige Haut aus, die beim Prüfen auf Reifegrad weder sehr nachgibt noch fleckig wird. Ist die Avocado reif, so ist ihre Haut dunkel bis schwarz, auf keinen Fall grün. Huss (Haas) Avocado sind oft intensiver im Geschmack, stark aromatisch und süßer als die größeren grünen Avocados, die manchmal etwas fahl schmecken. Eignen sich daher auch besser für eine gute Guacamole.

Baby Greens

junger Blattsalat, wird meist als „französische" oder „italienische" Salatmischung verkauft. Besteht aus Arugula (Rucola), Frisée, Endivien, Mache, Radicchio, Lollo Rosso und Bionda, Eichenlaub- und Bataviasalat, manchmal mit Baby Spinatblättern und jungem Kopfsalat vermischt.

Baking Soda

Natriumkarbonat wird als Treibmittel in Brot und Kuchen verwendet, wirkt allerdings nur in Verbindung mit anderen säurehaltigen Zutaten, z. B. Buttermilch, Schokolade oder Sauerteig. In dieser Verbindung bewirkt es dann das gleiche wie die zwei Zutaten von Backpulver, wenn sie auf Feuchtigkeit treffen. Natriumkarbonat sollte immer erst unter das Mehl gemischt werden, bevor der Teig zusammengerührt wird. Natriumkarbonat ist im Reformhaus oder in der Apotheke erhältlich.

Shrimps, roter Pfeffer und Erbsen mit Angel Hair Pasta

Bok-Choy

ein chinesischer Kohl, aber nicht mit Chinakohl zu verwechseln. Bok Choy (auch Pak Choy oder Pak Choi) hat dunkelgrüne Blätter an relativ breiten langen, weißen Stengeln. Kann für Salat verwendet werden, wird allerdings am meisten in Stir-Fry und gekochtem chinesischen Gemüse verwendet.

Brown Rice

braunen Reis können Sie auch im Reformhaus, Naturkostladen oder beim türkischen Lebensmittelhändler kaufen. Asiatische Spezialitätengeschäfte führen auch oft braunen Reis.

Butterflying

bezeichnet große Shrimps oder Garnelen, die an der Unterseite eingeschnitten und dann aufgeklappt wurden, und so gegrillt werden. Die auseinandergeklappten Hälften nehmen eine schmetterlingsflügelähnliche Form an.

Cannelli beans

(Great Northern beans) – große weiße Bohnen.

Cantaloupe (sprich: Kant'e'luup)

eine kleine Melone, etwa halb so groß wie eine Honigmelone, mit graugrüner, grober Schale, die gemustert oder brüchig erscheint. Das Fruchtfleisch ist orange, süß, fest und sehr geschmackvoll.

Cheddar Cheese

traditionell ein englisch/amerikanischer Käse, der jung bis alt (*mild to sharp*) verkauft wird, mit Alter zunehmend orange wird und etwa in Farbe und Konsistenz dem Gouda ähnelt. Geschmacksunterschiede zwischen Cheddar und Gouda gibt es schon, allerdings ist milder Gouda ein guter Ersatz für jungen Cheddar Cheese.

Cherry Tomatoes

Cocktail Tomaten. Auch in gelb oder orange, süß und knackig. Am besten als Dekoration oder in Salaten.

Chinese snowpeas

Zuckererbsen oder Kaiserschoten.

Chipotle Chilis

getrocknete und geräucherte Jalapeños, rot in der Farbe und von feuriger Schärfe.

Chocolate Chips

fertig abgepackte kleine Schokoladentaler oder Tropfen für den Backgebrauch, die während des Backens nicht oder nur teilweise schmelzen. Zu ersetzen durch winzige Würfel aus Blockschokolade (mit Messer geschnitten).

Cilantro

spanisch für frischer Koriander. Wenn Cilantro in einem Rezept genannt ist, sind damit die grünen Blätter (die glattblättriger Petersilie ähneln) gemeint. Getrockneter Koriander wird aus den Samen gewonnen, die entweder ganz oder zu Pulver gemahlen angeboten werden. Frischer Cilantro sollte nicht durch getrocknetes Korianderpulver oder Samen ersetzt werden. Sollten Sie Probleme haben, Cilantro in ihrem Supermarkt oder auf dem Wochenmarkt zu finden, versuchen Sie es bei einem asiatischen Lebensmittelgeschäft (Cilantro wird viel in der Thai Küche und auch in der indischen Küche verwendet).

Clam

als Venusmuscheln (*Vongole*) oder Herzmuscheln in guten Fischgeschäften erhältlich. Werden auch Sandklaffmuscheln genannt. Verschiedene Clamsorten werden an der Pazifik- und Atlantikküste Amerikas, Südamerikas, Japans und dem Golf von Mexiko gefunden. In Anlehnung an die traditionellen *Clambakes* am Strand werden vor allem an der Ostküste aber auch im Norden Kaliforniens, Washington State und Oregon Muschel-Schmausfeste veranstaltet. Das *Clambake* ist eine von den Indianern entwickelte Art, die Muscheln in einer „ofenähnlichen" Kuhle am Strand zu vergraben, bis sie gar sind. Hierfür werden flache Steine durch Holzkohlenfeuer erhitzt, die Clams in getränktem Seetang auf die Steine gelegt, abgedeckt und im Dampfprozess gegart.

Corn Husks

die getrockneten, papyrusähnlichen Hüllen von Maiskolben, die vor allem als „Verpackung" zum Garen von Tamales dienen. Nicht zum Verzehr geeignet. Getrocknete Corn Husks in Wasser aufweichen, bevor Sie darin die Tamales einwickeln. Sollten Sie nur Maiskolben mit noch frischen, grünen Husks bekommen, können Sie sie durch Aufhängen (am besten trocken, sonnig) zur späteren Verwendung trocknen.

Cornmeal

gelbes grobes Maismehl. Der in Deutschland weitläufig verkaufte Maisgries für Polenta entspricht Cornmeal weitgehend. Sie brauchen Cornmeal für Cornbread. In Feinkostgeschäften oder im Spezialitätenladen (inkl. einigen türkischen Händlern) finden Sie grob und fein gemahlenen Maismehl(-gries) für Polenta. Im Zweifelsfalle für Cornbread das grobere kaufen.

Cranberry

eine nordamerikanische Strauchbeere, die die Größe einer Blau- oder Heidelbeere hat, tiefrot in der Farbe ist und am ehesten mit einer Preiselbeere vergleichbar ist. *Cranberries* werden am häufigsten zum Backen, z. B. in Muffins oder süßem Brot, verwendet, und sind ein fester Bestandteil jedes Thanksgiving Dinners. Indianer brachten *Cranberries* (Ernte-

Cilantro

zeit ist der Herbst) als Gastgeschenk zum ersten Thanksgiving (Erntedankfest), das sie mit den Pilgrims an der Ostküste nach einem Jahr von Hungersnot und Überlebenskampf für die Neuankömmlinge aus England gemeinsam feierten. Seitdem wird traditionell Thanksgiving am letzten Donnerstag im November gefeiert. Der weiteste Familien- und Bekanntenkreis kommt zusammen zum Truthahnschmaus mit Cranberries-Gelee oder kurz aufgekochte Cranberries in Sauce, ähnlich wie das Preiselbeergelee aber leichter, fruchtiger und nicht so süß. Weitere Teile des Menüs sind gebackene oder kandierte *Yams* (süße kartoffelähnliche Rüben), *Sweet Potatoes* (Süßkartoffeln), Gemüse und zum Nachtisch *Pumpkin Pie*. Alle Speisen dieses Festessens haben ihren Ursprung in Nordamerika und wurden den weißen Siedlern zum ersten Mal von Indianern vorgekocht.

Crookneck
eine Squash-Sorte, die im Sommer reift. Gelb in der Farbe, ähnelt in der Form einer Zucchini, allerdings mit dünnem gebogenen Hals (daher ihr Name „crook neck"). Mild im Geschmack. Am besten gedünstet, gebraten, gegrillt, manchmal auch roh in Salaten.

Cumin
Kreuzkümmel; in jedem guten Gewürzregal zu finden.

Evaporated milk
gesüßte Kondensmilch, die viel in bestimmten Pies (Torten), wie z. B. Pumpkin-Pie, verwendet wird. Verwenden Sie einfach Kondensmilch und erhöhen Sie leicht, je nach Geschmack, die Menge des Zuckers.

Foccaccio (auch Foccaccia)
italienisches Blechbrot, das mit Olivenöl und Gewürzen bestrichen gebacken wird, häufig auch mit frischem Rosmarin oder Oliven. Wird entweder warm mit kalt gepreßtem Olivenöl als Vorspeise gereicht oder in Kalifornien häufig in Quadrate und quer aufgeschnitten als Sandwichbrot verwendet.

Frosting
amerikanischer Zuckerguß, der aus Philadelphia-Käse und Zitronensaft angerührt wird, sich gut spritzen und streichen läßt, allerdings nie fest wird.

Frühlingszwiebeln
Lauchzwiebeln. Die in Amerika erhältlichen Frühlingszwiebeln sind kleiner als die großen, vielfach in Deutschland angebotenen Lauchzwiebeln. Dies ist bei den Mengenangaben zu berücksichtigen.

Gemüseverkaufsstand an einer Straße, Napa Valley

Graham Crackers

das amerikanische Äquivalent eines Bahlsen-Butterkeks; ein einfacher Butterkeks, allerdings lockerer, weniger Buttergehalt, krümelt gut und wird daher gerne als „Boden" von Kuchen oder Pies verwendet.

Guacamole

mexikanisches Avocadopüree, angerührt mit Limonen- oder Zitronensaft, wahlweise Essig und Gewürzen, häufig auch Jalapeños; wird als Beilage, Garnierung oder Bestandteil von fast jedem mexikanischen Gericht gereicht, am beliebtesten jedoch als Dip zu Tortilla Chips. Wird manchmal auch mit fein geschnittenen Tomaten, Cilantro, gehackten Zwiebeln und Chilipulver zubereitet. Möglichst sofort verbrauchen oder gut verschlossen nur einen Tag gekühlt aufbewahren, da es sich schnell dunkel verfärbt.

Guajillo Chilis

dunkle, lange und ziemlich robuste Chilis von relativ milder Schärfe. Sie geben jedem Gericht einen eher süßlichen Geschmack.

Ingwer

in unseren Rezepten wird frische geschälte Ingwerknolle verwendet, die in kleinen Stücken, ähnlich wie rohe Knoblauchzehen, durch die Knoblauchpresse gedrückt wird. Da Ingwer fester ist als Knoblauch, ziehen Sie auf diese Weise fast nur den Saft zum Kochen aus der Knolle. Die Verwendung von getrocknetem Ingwerpulver anstelle von frischem Saft ist möglich, allerdings nicht empfehlenswert.

Jack Cheese

eine Abkürzung für *Monterey Jack*, ein traditionell kalifornischer Käse, blassgelb und sehr mild. Hervorragend auf Sandwiches zu Truthahn oder weißem Hähnchenfleisch sowie sehr gut zum Überbacken geeignet, da er gut schmilzt. Etwa mit Leerdamer oder Edamer zu vergleichen.

Jalapeños

Kleine grüne, dicke Chilischoten, nicht größer als der Daumen, mit herzhaftem, wunderbarem Geschmack. Jalapeños (Hall'o'pen'jos) werden in fast jeder Salsa und als Garnierung auf mexikanischem Essen verwendet.
Sollten Sie frische Jalapeños schwer in Ihrem Supermarkt oder auf dem Wochenmarkt finden, schauen Sie in Spezialitätengeschäften oder Gourmetabteilungen in guten Kaufhäusern nach „Thailand-Chilies", und achten Sie darauf, daß die Schote eher dick als dünn ist (die dünnere ist oft die schärfere Serrano).

Japanese Eggplant

eine kleine blassere Aubergine, die die gleiche Länge wie eine normale Aubergine hat aber sehr viel dünner und milder ist.

Jicama

Rübe, die von außen einer Kartoffel ähnelt, die Größe einer Zuckerrübe oder Sellerie-knolle hat und roh gegessen werden kann, z. B. in Salat. Weißes festes Fleisch, schmeckt wie eine Kreuzung aus Kartoffel und Apfel.

Julienned

Gemüse, z. B. Mohrrüben, Gurke, Staudensellerie, das roh zu ca. 4–5 cm langen dünnen Streifen geschnitten wurde. *Julienned Vegetables* werden meist für asiatische Gerichte verwendet, z. B. in Sushi oder für stir-fry gekochte Gerichte. Das Gemüse erhält durch diese Schnittweise die Form von „Streichhölzern" oder Sojasprossen, ist bißgerecht und braucht kaum oder gar nicht gekocht zu werden.

Lemongrass

Zitronengras für die Thai-Küche, wird entweder getrocknet nur blättchenweise verkauft, frisch in ganzen Stengeln oder aber im Glas in Stengelabschnitten. Frisches Zitronengras gibt es oft nur aus asiatischen Spezialitätengeschäften.
Sehr intensiver scharf-zitroniger Geschmack: Vorsicht beim Kochen mit ganzen Stengeln. Unentbehrlich für viele Suppen aus der Thai-Küche oder bei Fischgerichten.

Lima Beans

kleine hellgrüne, relativ flache Bohnen, die meist eingefroren oder in der Dose verkauft werden, und vielleicht am meisten Ähnlichkeit mit „jungen, dicken Bohnen" haben.

Lollo Rosso/Lollo Bionda

red oder *green leaf lettuce*. Ein zartblättriger Salatkopf mit tiefroten oder hellgrün ge-kräuselten Blatträndern. Nicht lange haltbar, sollte frisch gekauft und sofort verwendet werden. Für reinen Blattsalat verwenden. Am besten mit einer guten Vinaigrette servieren.

Macadamia Nut

helle runde Nüsse, etwas größer als Haselnüsse, meist importiert aus Hawaii, werden aber auch in Südkalifornien angebaut. Sehr fetthaltig, aber wunderbar im Geschmack. Werden oft geröstet (gesalzen) verkauft. Zum Backen natürlich die ungesalzene Variante verwenden. Lassen sich leider durch keine ähnlich schmeckende Nuß ersetzen.

Maple Syrup

Ahornsirup. Echter Ahornsirup ist teuer, aber sein Geld wert im Vergleich zu Imitations-ahornsirup. Die Gewinnung von Ahornsirup ist aufwendig: 1 Teil Sirup entsteht aus ca. 40 bis 50 mal gleiche Menge Ahornsaft und wird durch langes Kochen des Saftes gewonnen.

Marinara

fester Bestandteil der italienischen Küche. Sauce aus Tomaten, Zwiebeln, Knoblauch und Oregano, die für Pastagerichte und in einigen Fleischgerichten verwendet wird.

Knoblauch

Masa Harina

spanisch für Maismehl. Etwas schwerer und feuchter als gewöhnliches Mehl, weißgelb in der Farbe, feiner als Maisgries, aber gröber als Maizena.

Sie brauchen Masa Harina für Corn Tortillas und Tamales. Wird im Reformhaus, Naturkostladen oder in den meisten türkischen Lebensmittelgeschäften als fein gemahlenes Maismehl verkauft.

Mocha (sprich: Mooka)

die kalifornische Variante von Mokka, nicht mit dem regulären starken Kaffee zu verwechseln. Ein kalifornischer Mocha wird aus Kaffee und Kakao gemischt, entweder wie ein Cappuccino oder als Frappé oder Eiskaffee serviert.

Monterey Jack

ein milder Käse (siehe oben unter *Jack Cheese*).

Napa Cabbage

in Kalifornien auch als *Chinese Cabbage* bekannt. Der Strunk des Salats ist so dick wie der eines Romaine Salats oder Bok Choy. Napa hat einen milden, leicht pfefferigen Geschmack ähnlich wie Kohl, kann gekocht werden, wird aber häufig frisch geschnitten in Salat gereicht.

Orange Roughy

ein pazifischer Fisch, der wie *Red Snapper* in Kalifornien zu den häufiger angebotenen und daher relativ billigen, Fischen gehört. Ein kleiner runder, orangebraun-grau geschuppter Fisch von mildem Geschmack. Falls nicht erhältlich, durch günstigen Fisch ersetzen.

Pastrami

mit Salz, Pfefferkörnern, Knoblauch, Zimt, Paprikagewürz, Piment, Nelke und Koriander eingeriebenes Rindfleisch, das dann geräuchert und gekocht wird. In den USA am häufigsten als Sandwich-Aufschnitt angeboten.

Pecan Nuts

dunkle walnußartige Nüsse in glatter rotbrauner Schale, Nußkern ähnliche Form wie eine Walnuß. Dunkler und etwas „rauchiger" schmeckend als Walnüsse.

Pintobohnen

eine kleine nierenförmige Bohne, rosablassbraun, oft leicht gesprenkelt. Wird meist trocken verkauft oder in Dosen als zerstampfter Brei (*Refried Beans*) zu mexikanischen Gerichten, oder in Sauce als Chili-Bohnen. Werden in Spezialitätengeschäften als Wachtelbohnen angeboten oder lassen sich (sehr viel billiger) im türkischen Geschäft unter „Barbunya" oder „Kuru Barbunya" finden.

Pismo Clam

große Venus- oder Sandklaffmuschel, die vor allem in der Pismo Bay (Nähe von San Luis Obispo) zu finden ist.

Pita Brote

Fladenbrot, das in der griechischen, arabischen und türkischen Küche verwendet wird. Gibt es in jedem türkischen oder griechischen Geschäft und in besseren Supermärkten zu kaufen.

Poblano Chili

eine große, wachsig grüne, trichterförmige Chilischote, die mild im Geschmack ist; werden meist flammengeröstet, gepellt oder gekocht in der mexikanischen Küche verwendet.

Prosciutto

(italienisch) Schinken; meist dünn geschnittener Räucherschinken, der als Vorspeise (mit oder ohne Honigmelonenscheiben) serviert wird; auch als „Parma-Schinken" bekannt.

Pumpkin

Kürbis. In Amerika wird Kürbis entweder ganz oder roh zur *halloween*-Zeit oder als Püree in der Dose verkauft. Alternativ wird Kürbis im Ofen gebacken bis das Fleisch aromatisch riecht und weich ist. Das Fruchtfleisch wird aus der Schale gepellt oder gelöffelt und als Brei für den Pumpkin-Pie, als Suppengrundlage oder für Pumpkin-Pie und Muffins weiterverarbeitet. In gebackenem Zustand ist Kürbis sehr viel kräftiger, tief orangefarben als z. B. Kürbiswürfel aus dem Glas wie sie in Deutschland verkauft werden. Achtung: eingelegte Kürbiswürfel finden in der amerikanischen Küche keine Verwendung und sind gänzlich unbekannt. Für den Pumpkin-Pie müßten Sie sich die Mühe machen, frische Kürbisstücke im Ofen zu backen. Damit der Kürbis nicht austrocknet und gut gart, ist es bisweilen notwendig, etwas Wasser in die Form oder aufs Blech zu geben und ihn vielleicht auch mit Butter zu bestreichen, wenn die Fruchtfleischseite frei liegt.

Radicchio

kleiner runder, rotweißer Salatkopf (hat entfernte Ähnlichkeit mit Rotkohl). Etwas herber Geschmack, macht sich hervorragend zur farblichen Abwechslung in einem grünen Blattsalat oder im Baby Greens Salad.

Red Leaf Salad

Lollo Rosso, auch Bataviasalat.

Red Oak

Eichenlaubsalat, kleine rot-grüne Blätter, sehr zarter feiner Geschmack, Bestandteil eines Baby Greens Salad.

Red Snapper

ein weitverbreiteter roter Pazifikfisch, der in Amerika ein eher billiger, gewöhnlicher Fisch ist. In Deutschland leider sehr teuer.

Refried Beans

aus Pinto-Bohnen zubereiteter Bohnenbrei, der ein Hauptbestandteil der einfachen mexikanischen Küche ist. Achtung: traditionell werden Refried Beans mit Schmalz zubereitet, und auch die in Deutschland erhältlichen Dosen *Refried Beans* oder mexikanische Bohnen enthalten oft Schmalz. Wem dies zu fett ist, sollte die Mühe nicht scheuen, *Refried Beans* selbst zu machen. Schmeckt meist auch sehr viel besser.

Romaine Salat

in den USA auch Kos-Salat (nach der griechischen Insel) genannt, in Deutschland hingegen als Römischer Salat oder Sommerendivie bekannt. Bis zu 30 cm lange grüne Blätter, die knackig sind und auch so bleiben, selbst nach einigen Tagen im Kühlschrank. Leicht bitter schmeckend und sehr gut für jede Art von gemischtem Salat oder einzeln in Caesars Salat (mit frisch geriebenem Parmesan, Vinaigrette und gerösteten Weißbrotwürfeln).

Scallops

Kammuschelfleisch (*Petoncle*), auch als (St.) Jakobsmuscheln bekannt. Es gibt sehr unterschiedliche Größen von Scallops, allerdings zeichnen sich alle durch ein festes weißes, äußerst mildes aber sehr schmackhaftes Fleisch aus (es wird nur das trommelförmige Muskelfleisch gegessen). Sehr gut auf Pasta oder in Salaten.

Sellerie

In unseren Rezepten wird ausschließlich Staudensellerie verwendet.

Serrano Chili

lange dünne grüne oder rote Chilischoten, die schärfer sind als Jalapeños. Werden in Deutschland manchmal (und fälschlicherweise) als Peperoni (aus Italien) verkauft. Im Vergleich zu italienischen Peperonis, wie sie oft auf einer Pizza zu finden sind, sind Serranos sehr viel dünner, fester und viel schärfer.

Shiitake Pilze

ursprünglich aus Japan und Korea, werden jetzt auch in den USA angebaut (wo sie häufig „Golden Oak" genannt werden). Der Pilzkopf ist dunkelbraun und hat einen intensiven, kräftigen Geschmack. Die Stengel können mitgekocht, sollten aber nicht gegessen werden, da sie manchmal zäh sind. Werden manchmal auch „chinesische schwarze Pilze" genannt und häufig getrocknet verkauft, wobei sie dann eingeweicht werden sollten, bevor sie fürs Kochen verwendet werden. Wegen ihres intensiven Geschmacks reichen oft einige wenige Shiitakes für eine Mahlzeit.

Squash

wird in Amerika als Sommer- oder Winter Squash verkauft. Sommer Squash wie *Crookneck* oder Zucchini haben eine dünne eßbare Schale und werden mit Schale und Kernen gekocht. Winter Squash wie *Acorn, Butternut* oder Kürbis haben eine dicke feste, nicht genießbare Schale. Die Kerne müssen immer entfernt werden. Winter Squash werden häufig zu Suppen verkocht, gebacken und geviertelt (hierfür braucht Squash nicht geschält werden), oder mit Reis, Fleisch und Gemüse gefüllt gebacken. Kürbisfleisch wird nach dem Backen auch in Pies verarbeitet und süß gegessen.

Stir-Fry

asiatische, hauptsächlich chinesische Kochkunst, in der Gemüse wie auch Fleisch oder Fisch in einem Wok mit geringer Menge Öl und so gut wie keiner Kochflüssigkeit unter ständigem Rühren und Wenden (to stir) mit einem breiten Holzlöffel gegart werden (to fry = braten).

Stir-Fry ist eine sehr viel gesündere wie auch schmackhaftere Art des Kochens und Garens, da die Geschmacksstoffe und Vitamine nicht in der Kochflüssigkeit verloren gehen.

Sundried Tomatoes

getrocknete Tomaten (gelb oder rot). Mit kochend heißem Wasser bedecken und ziehen lassen bis Tomaten weich geworden sind. Entweder alle sofort für Salat, Saucen oder im Auflauf oder Pizza verwenden, oder Tomaten einlegen: ohne Wasser in eine Schüssel oder ein kleines Glas geben, mit Olivenöl bedecken, ein bis zwei Knoblauchzehen, gepreßt oder in Scheiben, Kräuter, z. B. Oregano, Thymian, Basilikum, und schwarzen Pfeffer hinzugeben. Glas verschließen oder Schüssel abdecken und mind. 1 Tag ziehen lassen (möglichst nicht im Kühlschrank, da Öl erhärtet).

Lassen sich in türkischen Geschäften als „eingelegte, getrocknete Tomaten" oder vom Markt oder gut bestücktem Supermarkt getrocknet in der Tüte kaufen.

Sushi

die dunkelgrünen Blätter zum Einwickeln von Sushi heißen Yakisushi Nori, bestehen aus getrocknetem Seetang und sind im asiatischen Spezialitätenhandel erhältlich.

Swiss chard

Mangoldgemüse (die großen grünen Blätter verwenden).

Teriyaki

(japanisch) Sauce oder Marinade aus Sojasauce, Ingwer, Sake (Reiswein) oder alternativ: Sherry, Zucker und Gewürzen für Huhn- oder Rindfleisch, das dann mariniert gegrillt, geröstet oder gebraten wird für Teriyaki Beef oder Teriyaki Chicken.

Thai Potstickers

Kleine Teigtaschen mit Gemüse oder Fleisch-, Fischfüllung. Werden in Deutschland als „Dim Sum" im Kühlregal oder gefroren verkauft. Dim Sum, eine Haupt- oder Vorspeise im Bambuskorb im Dampfbad gegart, entstammt der chinesischen Küche. Thai Potstickers werden in Kalifornien häufig gegrillt und kurz gebraten und sind oft auch durch Spinat grün gefärbte Teigtaschen mit Rotkohl und Gemüsefüllung.

Tiger Shrimp

große Shrimps, deren Schale tigerähnlich breit gestreift ist. Diese großen Shrimps eignen sich am besten zum Grillen, Butterflying oder gedünstet als Garnierung für Fischgerichte, auf Pasta oder in Salaten. Sollten frisch, noch in Schale, oder ganz gekauft werden.

Tomatillo

Tomatillos („kleine Tomaten"; sprich: Tomatie'jos) sind grüne, tomatenähnliche Früchte, die im Gegensatz zu ihren entfernten roten Verwandten in einer papierartigen Hülse reifen und auch so zum Verkauf angeboten werden. In der mexikanischen und der Southwest Küche werden sie für Salsa Verde und und Chili Verde verwendet. Sie ähneln in Form und Konsistenz unreifen normalen Tomaten und haben die Größe von kleinen Tomaten oder Pflaumen. Die knisternde Papierhülse wird vor dem Kochen entfernt (Tomatillos sollten nicht roh gegessen werden).
Tomatillos zeichnen sich durch einen herben, citrusähnlichen Geschmack aus. Falls es keine frischen Tomatillos zu kaufen gibt, verwenden Sie Tomatillos aus der Dose (aus Mexiko).

Turmeric

Kurkuma oder Gelbwurzel (ein Hauptbestandteil von Currypulver).

Wasabi

japanische Meerrettichzubereitung. Wird in der Tube (am besten haltbar), als Pulver zum Selbstanrühren oder in der Dose verkauft. Sehr scharf, grün in der Farbe. Sollte am besten in winzigen Portionen in Sojasauce verrührt zu Sushi oder Fischgerichten gereicht werden.

Wasserkastanien

die eßbare Knolle einer südostasiatischen Wasserpflanze. Ihr Fleisch ist weiß, saftig und knackig, vom Geschmack her mild bis süß, von der Größe vergleichbar mit einer gewöhnlichen Kastanie. Wasserkastanien werden in fast allen chinesischen Stir-Fry-Gerichten verwendet, da ihre feste Konsistenz, auch in gekochter Form, Gerichten aus vielerlei Zutaten „Biß" verleiht. Wasserkastanien gibt es ganz, geschält oder in Scheiben in Dosen oder auch frisch im Asien-Einkauf; falls frisch: braune Schale vor dem Kochen entfernen.

Won Ton

(auch Wan Tan) dünne chinesische Teighüllen (aus denen auch Streifen geschnitten werden können), die mit Fleisch, Fisch und/oder Gemüse gefüllt gedünstet (für Dim Sum), gekocht (für Won Ton Suppe) oder frittiert (für Frühlingsrolle) oder gebraten (für Thai Potstickers) werden. Teighüllen bestehen aus Mehl, Ei und Salz.

Yorkshire Pudding-Pfanne

für *Muffin Tin*. Eine Backform mit zwischen 6 bis 12 förmchengroßen Eindellungen für kleine, runde Kuchen (siehe *Muffins Seite 42*). Da diese in deutschen Haushaltswarengeschäften kaum erhältlich ist, können wir nur Papier- oder andere Förmchen für Rührteigkuchen empfehlen. Die englische Backform für *Yorkshire Pudding* kommt der *Muffin Tin* übrigens am nächsten.

Muffins und Muffin-Form

Brot

Zen Buddhismus und die Tassajara Bäckerei

Tassajara (sprich: Tassahara) liegt unweit von Carmel, in Monterey County, einem der schönsten Landstriche Kaliforniens. Früher bekannt für seine Thermalquellen, wurden Tassajaras Kurgebäude 1966 vom Zen Center San Francisco erworben, und das erste Zen-Buddhistische Mönchskloster auf dem nordamerikanischen Kontinent eröffnet.

Was hat das mit Brot zu tun? Ähnlich wie in anderen Klöstern versorgten sich die Mönche selbst und somit begann die Tradition der Brotbäckerei in Tassajara.

Tassajara entstand auf der Höhe der Hippie-Bewegung und fand regen Zulauf seitens der *Flower Children* aus San Francisco, die während der späten 60er und Anfang der 70er Jahre auf ihrer Entdeckungsreise nach alternativen Religionen und Lebensanschauungen auf Tassajara stießen. Die vielen Besucher, die vor allem während der Sommermonate durch die Tore des Klosters strömten, wurden bewirtet und nach ihrem Besuch schwärmten sie am meisten von dem Brot. Bald wurde Tassajara-Brot so populär, daß eigene Bäckereien aufmachten, die erste davon in San Franciscos *Haight-Ashbury*. Die Bäckerei war auch Café, populärster Treffpunkt des Viertels und weit außerhalb der Stadt bekannt. Obwohl es viele *Hang-outs* in San Francisco gab, darunter unzählige gute Cafés, konnte man nur in der Tassajara unter Freunden in schöner, lockerer Atmosphäre den besten Kaffee in der Haight und sensationellen Kuchen bekommen. Nach dem Kaffee und einem Plausch kaufte man dort auch gleich sein Brot, das beste in San Francisco. Die Tassajara Bäckerei gibt es noch heute, sie wird allerdings nicht mehr vom Zen Center geführt.

In Tassajara, Kloster wie Bäckerei, stießen zweierlei kulturelle Einflüsse aufeinander: zum einen das Bestreben, möglichst nur organische Produkte auf den Tisch zu bringen und zum anderen die uralte Tradition des Zen Buddhismus, die sich kurz zusammenfassen läßt als „iß was Dir gegeben".

Ed Brown, einer der ersten Tassajara-Köche und -Brotbäcker hat Bücher über die Tassajara Koch- und Backkunst geschrieben, wovon vor allem sein Buch über das Brotbacken

An der Küstenstraße (State Route 1), im Süden von Big Sur

33

zu einem Klassiker wurde. Es ist bei weitem nicht auf Zen-Interessenten begrenzt, sondern die Brotback-Bibel schlechthin.

Obwohl es beim Zen-Backen weniger um reine, unverfälschte Zutaten geht als vielmehr um den persönlichen, kreativen Einsatz des Bäckers, ist Zen dem Bestreben, alles Lebende zu erhalten und zu verwenden nicht abgeneigt. Adaptieren Sie daher je nach Geschmack und Vorliebe, was Ihnen an den Rezepten am besten gefällt. Wir empfehlen, für das ultimative Backerlebnis organische Zutaten und ungebleichte Vollkornmehle zu verwenden, zum Süßen können Sie statt weißem Zucker „süßes Mehl", z. B. Haferflocken oder Gerste, Maismehl etc. verwenden, für Kuchen oder süße Brote Rosinen, Datteln oder anderes getrocknetes Obst, Melasse (Zuckerrohrsirup) oder Honig. Versuchen Sie statt Schokolade mal *Carob* (getrocknetes Johannisbrot), was Schokolade in Geschmack und Konsistenz sehr ähnelt.

Die Arbeit mit Konzentration auf den Brotteig ist der wichtigste Prozeß für ein gelungenes Brot. Sobald Sie sich mit dem Arbeitsvorgang angefreundet haben, eröffnen sich immer neue Möglichkeiten: verwenden Sie Gemüsereste vom Vortag, einen weichen Apfel oder anderes Obst, Reis oder aber feinsten Konfektionszucker und beste Schokolade; arbeiten Sie jedoch stets mit Liebe, Respekt und besten Absichten und Ihr Brot wird himmlisch.

Rosmarinbrötchen
Rosemary Rolls

325 ml warmes Wasser (ca. 50 °C)
7 g Trockenhefe
1 EL Olivenöl
2 TL frischer oder getrockneter Rosmarin
1½ TL Salz
1 TL Zucker
240 g Vollkornweizenmehl
240 g Brotmehl

Hefe, Öl, Rosmarin, Salz und Zucker dem Wasser hinzugeben und verrühren, bis die Hefe sich aufgelöst hat. Ca. 5 Minuten gehen lassen. Das Mehl nach und nach, jeweils ungefähr 100 g, hinzugeben, wobei Sie das Vollkornweizenmehl zuerst verwenden sollten. Mischung schlagen bis ein sehr fester, steifer Teig entsteht. Den Teig auf ein mit Mehl bestreutes Brett geben (legen Sie ein feuchtes Küchenhandtuch unter das Brett, damit es sich beim Kneten nicht ständig verschiebt). Den Teig ungefähr 8 Minuten kneten und den Rest des Mehls beim Kneten untermischen. Die Schüssel auswaschen und leicht einfetten. Den Teig zu einem Ball formen und in die Schüssel geben. Abdecken und an einen warmen Platz stellen, bis der Teig sich verdoppelt hat. Den Teig wieder zurechtschlagen, auf ein mit Mehl bestreutes Brett oder Arbeitsfläche geben und die Luftblasen herausdrücken. Abdecken und 10 Minuten stehen lassen. Den Teig in 24 Stücke schneiden und mit der Hand zu glatten Brötchen formen. Die Brötchen auf ein leicht gefettetes Backblech geben und zum Gehen abdecken. In etwa 30 Minuten sollten die Brötchen ihre doppelte Größe erreicht haben.

In einem auf 200 °C vorgeheizten Ofen ca. 20 Minuten backen, bis die Brötchen oben leicht goldbraun sind und beim Klopfen auf die Unterseite hohl klingen.

Italienisches Foccaccio-Blechbrot
Whole Wheat Foccaccio Bread

Diese Version des berühmten italienischen Blechbrots ist etwas mehr auf gesunde Ernährung abgestimmt. Eignet sich bestens für ein leichtes Mittagessen als Beilage zur Suppe oder für Sandwiches. Ist auch hervorragend als Beilage zu einem Pastagericht geeignet.

Hefe in 125 ml warmem Wasser gut auflösen. Restliche Zutaten für den Rührteig hinzufügen und glatt und geschmeidig rühren. Zudecken und an einem warmen Ort in der Küche gehen lassen, bis der Teig sich in der Größe verdoppelt hat. Während der Rührteig geht, heißes Wasser mit Zucker und Öl vermischen und zur Seite stellen. Nachdem der Rührteig aufgegangen ist, rühren Sie ihn mit einem Holzlöffel durch, damit er sich setzt. Öl-Zuckermischung hinzugeben und gut unterrühren, bis alles gut vermischt ist. Geben Sie genug Vollkornmehl (350–470 g) hinzu, damit der Teig fest wird. Stehen lassen, bis er auf die doppelte Größe aufgegangen ist. Rühren Sie den Teig erneut, damit er sich setzt und heben Sie ihn dann auf ein mit Mehl bestreutes Holzbrett. Teig 5 Minuten kneten. In eine saubere Schüssel geben und erneut gehen lassen, bis er doppelt so groß wird. Diesmal dauert es nur halb so lange wie beim ersten Mal. Heben Sie den Teig aufs Holzbrett und pressen Sie ihn flach, damit die Luftblasen entweichen.

Den Teig halbieren. Ein Stück in eine runde, leicht gefettete Backform von etwa 34 cm Durchmesser geben oder auf ein Backblech und herunterdrücken, bis der Teig sich der Form angepaßt hat. Mit der Gabelspitze beliebig in den Teig einstechen. 45 Minuten aufgehen lassen, bis der Teig doppelt so hoch geworden ist. Mit Olivenöl bestreichen und mit frisch gepreßtem Knoblauch, frischem Rosmarin und Olivenstücken besprenkeln. Sie können die Kräuter und Gewürze mit der Fingerspitze leicht in den Teig drücken. Mit etwas Meeressalz bestreuen.

45 Minuten in einem auf 200 °C vorgeheizten Ofen backen. Das Brot sollte oben leicht braun sein und hohl klingen, wenn Sie auf die Unterseite klopfen. Warm servieren. Teigmenge ergibt 2 Formen oder Backbleche.

Rührteig:
2 TL Trockenhefe
500 ml warmes Wasser
2 EL Zucker
2 TL Salz
240 g Weizenmehl
240 g Vollkornweizenmehl

125 ml sehr heißes Wasser
125 ml Honig oder brauner Zucker
2 EL Olivenöl
1 EL Butter

350 g bis 475 g Vollkornweizenmehl

Für den Belag:
3 EL Olivenöl
I TL Meeressalz
3 Knoblauchzehen, fein gepreßt
2 EL frischer Rosmarin, fein gehackt,
oder 1 TL getrockneter Rosmarin,
zerstoßen oder gehackt
125 g schwarze Oliven oder griechische
Kalamata Oliven, zerkleinert

Gebäck mit Trockenobst, Nüssen und Zuckerguß
Fruity Scones

Diese riesigen, mit Zuckerguß bestrichenen Scones finden Sie in den meisten populären Straßencafés und Bäckereien in Los Angeles und San Francisco. Im Gegensatz zu den traditionellen amerikanischen Scones, die mit Rosinen oder Korinthen gebacken sind, sind diese übergroßen Scones mit Trockenobst und Nüssen gefüllt.

Die trockenen Zutaten in einer Schüssel gut mischen. Mit zwei Messern oder mit einem Teigrührgerät die Butter untermischen, bis die Mischung grob gemahlenem Mehl ähnelt. Trockenobst, Nüsse und Orangenschale unterrühren und gut vermischen.

Formen Sie eine Kuhle in der Mitte des Teigs und gießen Sie die Buttermilch hinein. Mit einer Gabel verrühren, bis der Teig nicht mehr am Schüsselrand klebt. Den Teig auf ein mit Mehl bestreutes Holzbrett geben und in zwei Hälften teilen. Jedes Teil zu einer ca. 3–4 cm dicken Scheibe ausrollen. Die Scheibe dann in 6 Dreiecke schneiden und die Dreiecke auf einem leicht gefetteten Backblech anordnen. Lassen Sie bis zu 2 bis 3 cm Platz zwischen den Dreiecken.

In einem auf 220 °C vorgeheizten Ofen ca. 12 Minuten backen oder solange, bis die Scones oben goldbraun sind. Aus dem Ofen nehmen und kurz abkühlen lassen. Die Scones in noch warmen Zustand von oben kurz in den Zuckerguß tauchen und dann kurz auf dem Rost abkühlen lassen. Warm servieren.

360 g Mehl
75 g Zucker
1 TL Backpulver
½ TL Natriumkarbonat (Baking Soda)
¾ TL Salz
200 g Butter, aus dem Kühlschrank und in Würfel geschnitten
250 g getrocknete Kirschen, Preiselbeeren oder Blaubeeren
100–125 g Wal- oder Pecannüsse, grob gehackt
2 TL geriebene Orangenschale
250 ml Buttermilch

Zuckerguß:
125 g Puderzucker
2 EL Butter, geschmolzen
2 EL Milch
einige Tropfen Vanille- oder Mandelextrakt, oder etwas geriebene Orangenschale

Typische Briefkästen

Thalmans Vollkornweizenbrot
Thalman's Whole Wheat Bread

Dieses Rezept verdanken wir Sylvia Hofflund, der Illustratorin dieses Kochbuchs. Wir waren im Frühjahr zum Lunch (und „Cookbook Meeting") eingeladen und bekamen dieses Brot frisch aus dem Ofen serviert. Das Rezept ist von ihrer Großmutter und entstammt den 30er Jahren. Um seine Authentizität zu unterstreichen, haben wir uns erlaubt, Großmutters Anmerkungen zu übernehmen. Für dieses Brot sollten Sie nur das beste, frischeste Weizenmehl verwenden (nicht aus der Tüte vom Supermarktregal).

10 g Trockenhefe, in 60 ml lauwarmem Wasser aufgelöst
1 Liter (plus 60 ml) lauwarmes Wasser
1 EL Salz
900 g grob gemahlenes Vollkornweizenmehl
450 g ungebleichtes Weizenmehl

Hefe in lauwarmem Wasser in einer großen Schüssel auflösen, umrühren und ca. 5 Minuten stehen lassen. Den Liter lauwarmes Wasser und Salz hinzugeben und umrühren. Geben Sie dann nach und nach zunächst das Vollkornmehl, dann das Weizenmehl hinzu, um einen festen Teig zu formen. Teig auf ein mit Mehl bestreutes Brett oder Arbeitsfläche heben und das restliche Weizenmehl beim Kneten mit untermischen. Den Teig mindestens 10 Minuten kneten, bis er weich und elastisch ist. Eventuell zusätzliches Mehl hinzugeben.

In eine gefettete Schüssel geben, mit einem Handtuch abdecken und eine Stunde gehen lassen, bis der Teig sich verdoppelt hat. Zwei Brotlaibe daraus formen und in lange Kastenformen geben. Sollten zwei Formen nicht ausreichen, formen Sie drei Brotlaibe. Erneut abdecken und aufgehen lassen. In einem auf 190 °C vorgeheizten Ofen etwa 15 bis 20 Minuten backen, dann auf 220 °C stellen und 35 Minuten länger backen. *Das verleiht dem Brot die so beliebte Kruste.*

Hört sich das Rezept etwa zu einfach an? Geben Sie bloß keinen Zucker oder irgendwas anderes hinzu, das den delikaten Weizengeschmack zerstören würde. Die Kunden sind hungrig nach dem natürlichen Geschmack.
Das Brot muß kühl aufbewahrt werden. Wir haben nur 9 Monate im Jahr gebacken, im Sommer wurde es schnell schimmlig. Aber das hat manche Kunden auch nicht gestört, die haben gesagt, das sei nur der Beweis für ein gutes, naturgerechtes Brot.
Gebacken wiegt ein Brot ungefähr 1½ Pfund. Gegen Ende der 30er Jahre haben wir es für 18 cents den Laib verkauft. Davon haben wir damals 300 Laib pro Woche verkauft, ach, was sag ich, mehr noch.
Frieda Thalman

Der Gold Rush, der Wilde Westen und das Sourdough Bread

Um 1848/49 besiedelten die ersten Goldgräber, fortan die 49er genannt, das Gold Country östlich von Sacramento. Als Behausungen dienten ihnen in den ersten manischen Gold Rush-Tagen Zelte, ein alter Planwagen, der die Reise über den Kontinent mehr schlecht als recht überstanden hatte, oder eine schnell notdürftig zusammengezimmerte Bretterbude. Keiner hatte anfangs Zeit oder die ernsthafte Absicht, sich dort häuslich niederzulassen, sie waren nur des Goldes wegen gekommen. Wenn die hungrigen Männer (und sehr wenige Frauen) am Ende eines langen Tages von ihrer anstrengenden Arbeit des mühevollen Siebens und Waschens von Steinchen und Kieseln aus den Gebirgsbächen der Sierra Nevada nach Hause kehrten, sollte Essen auf dem Tisch stehen. Dies erkannten einige findige Frauen, die den Goldsuchern nach Kalifornien gefolgt waren und die Einzigartigkeit der Lage sehr wohl für sich zu nutzen wußten.

Aus historischen Berichten sticht manch abenteuerlich erworbener Reichtum einer Frau heraus, die mit wenig Küchenausstattung und um so mehr Erfindungseifer einen Bewirtungsbetrieb in der Wildnis startete und ihr Essen teuer verkaufte. Unternehmertum nach rein kapitalistischem Vorbild: Wer hungrig war und kein Geld dabei hatte, konnte auch mit Goldklümpchen bezahlen.

Hinzu kamen Barfrauen, die den Whiskey brachten, in einer Bretterbude wurde Unterhaltung geboten und der Wilde Westen war geboren.

Aus dieser Zeit entstammt auch das traditionelle *Sourdough Bread* aus San Francisco.

Dieses (wörtlich übersetzte) Sauerteigbrot ist ein Hefeteigbrot, basierend auf einem Vorteig. Dieser Vorteig besteht aus etwas Hefeteig, der über Tage hinweg gären sollte, bis er angenehm sauer riecht und locker mit Luftblasen durchsetzt aufgegangen ist. Der Vorteig wird dann zu den typischen Hefeteigzutaten hinzugegeben. Aus dem Teig wird ein großer, runder Laib geknetet, der oben mit dem Messer quer im Karomuster eingeritzt und dann gebacken wird. Ein Teil des Vorteigs sollte aufbewahrt, mit Mehl und warmer Milch aufgefüllt und erneut zum Gären angesetzt werden.

Auf diese Weise ging der vorgegärte Teig nie aus, das Brot ließ sich jederzeit backen und diente den Goldwäschern als Tagesverpflegung, die sie mit zu den Goldbächen nehmen konnten.

Sourdough Bread mit seiner goldbraunen Kruste ähnelt einem Landbrot und wird in dieser Form auch in ländlichen Gebieten Frankreichs gebacken, ist allerdings sehr viel lockerer und etwas trockener und leichter als z. B. das süddeutsche Sauerteigbrot. Es schmeckt besonders gut zu Käse, als Beilage zu Salat, Suppen oder als Sandwichbrot oder knuspriges Brötchen. Am populärsten ist es nach wie vor in San Francisco, wird aber in ganz Kalifornien angeboten und gerne gegessen. Sourdough läßt sich auch in anderen Staaten der Westküste und den Rocky Mountains sowohl beim Bäcker als auch in Restaurants finden. Östlich der Rocky Mountains findet man es dann immer seltener und in New York oder anderen Orten entlang der Ostküste kann es schon passieren, daß der

Bäcker oder die Bedienung den Kunden etwas verklärt anschaut und fragt, „ Sauerteig? Sorry, führen wir nicht."

Obwohl der Gold Rush höchstens 20 Jahre dauerte, bevor er abflaute, kurze Zeit später Gold nur noch kommerziell in Minen abgebaut wurde, bevor die Goldschätze erschöpft waren, und die Menschen somit ihre notdürftig zusammengeschusterten Städtchen zwischen 1870 bis 1890 wieder verließen, brachte er immerhin über 300 000 Menschen nach Kalifornien, von denen sich viele entschlossen, dort zu bleiben.

Der Name John Sutter wird noch heute mit dem Gold Rush verbunden. Sutter war ein deutschsprachiger Schweizer Immigrant, auf dessen Land das erste Gold entdeckt wurde, genauer gesagt in seinem Sägewerk. Als sei sein Name noch heute ein Glücksbringer, findet er sich auf Kekspackungen, Weinflaschen von Sutter's Vineyard und vielerlei mehr wieder. Wie auch andere Goldgräber, die ihre Erträge in Fehlspekulationen oder durch Diebstahl verloren, profitierte John Sutter selbst weit weniger von seinem Fund als die weitgefächerte Serviceindustrie, die sich aufgrund des Fundes und der Besiedlung nach Kalifornien aufmachte und dort zu Reichtum gelangte.

Letztendlich waren es nur wenige, denen das Gold bleibenden Wohlstand garantierte: darunter die Besitzer der ersten transkontinentalen Bahnverbindung (der Westen wurde durch Schienenbau und Zusammenlegung der Central und Union Pacific Railroad 1869 mit dem Osten und Mittleren Westen verbunden); der Erfinder der Blue Jeans, Levi Strauss, dessen Versuche, das derbe Leinentuch an die 49er für ihren Zeltebau zu verkaufen, zunächst scheiterten, und der sich dann flugs daran machte, wenigstens reißfeste Hosen für die Goldwäscher herzustellen. *The rest* zur Entstehung der Blue Jeans, wie man in Amerika sagt, *is history*. Andere, die ihren Service und ein bis heute andauerndes Unternehmen auf den Gold Rush aufbauten, waren die Bankiers Wells und Fargo, die den unsicheren Postkutschendienst vor Überfällen retten wollten, und ihre ersten Bankfilialen in Goldgräberstädtchen und in San Francisco aufmachten.

Das traditionelle San Francisco-Sauerteigbrot
San Francisco Sourdough Bread

Dies ist die bekannteste und beliebteste Spezialität aus San Francisco und der Bay Area. Es wird an allen Touristenattraktionen der Stadt, wie z. B. Fisherman's Wharf, verkauft und zu jeder Mahlzeit angeboten. Selbst auf dem Flugplatz kann der San Francisco-Besucher vor dem Abflug noch einen Brotlaib kaufen und als Souvenir mitnehmen. Das folgende Rezept ist authentisch traditionell. Obwohl es beim ersten Mal wegen des Vorteigs ein zeitaufwendiges Unterfangen ist, wird Ihre Mühe reich belohnt – es schmeckt perfekt frisch aus dem Ofen. Nancy schwört, daß keine Handarbeit mit dem Kneten und Schlagen eines *Sourdough*-Teigs mithalten kann. Dies ist der geschmeidigste, seidigste Teig, der uns jemals unter die Finger kam.

Bitte beachten: Keine Aluminium-, Stahl-, Blechschüsseln oder metallenen Löffel oder Besteck mit dem ungebackenen Teig in Verbindung bringen. Sourdough sollte ausschließlich in oder auf Keramik-, Ton-, Plastik-, Glas- oder Holzschüsseln und Arbeitsflächen geknetet werden. Am besten mit der Hand kneten. Metall stört den Gärungsprozess und das Brot wird nie gelingen.

2 TL Trockenhefe
1 EL Zucker
500 ml lauwarmes (41–44 °C) Wasser
2 TL Salz
1 Tasse (ca. 250 ml) Sourdough Vorteig (siehe Seite 42)
240 g Brotmehl
600–650 g ungebleichtes Weizenmehl
Cornmeal für die Form
1 Eiweiß vermischt mit 125 ml Wasser, als Glasur

Hefe und Zucker in 75 ml Wasser auflösen und solange rühren bis die Hefe sich ganz und gar aufgelöst hat. Restliches Wasser, Salz und Sourdough Vorteig hinzugeben. Brotmehl und 250 g des ungebleichten Weizenmehls hinzugeben und mit elektrischem Mixer oder mit der Hand ca. 5 Minuten rühren, bis der Teig glatt und elastisch ist. Geben Sie nach und nach 250 g bis 300 g Mehl hinzu, bis der Teig fest wird. Auf ein Holzbrett geben und 10 bis 15 Minuten kneten, bis der Teig weich und dehnbar geworden ist. Er sollte jetzt geschmeidig sein wie Seide. Kneten Sie nur soviel Mehl unter, daß der Teig geschmeidig bleibt und nicht klebt, aber achten Sie darauf, daß er nicht trocken wird.

Formen Sie einen Ball aus dem Teig und geben Sie ihn in eine saubere, leicht gefettete Schüssel. Zudecken und an einem warmen Ort aufgehen lassen, bis der Teig die doppelte Größe hat. Das dauert zwischen 1 bis 1½ Stunden. Den Teig dann mit den Fäusten bearbeiten, damit die Luftblasen entweichen können. Neu aufgehen lassen. Diesmal dauert es nur halb so lang. Erneut mit den Fäusten bearbeiten und in eine Schüssel geben. Den Teig auf einem Holzbrett in einen 2–3 cm dicken runden Fladen pressen, wobei weitere Luftblasen entweichen sollten. Den Fladen zudecken und 10 Minuten ruhen lassen. Schneiden Sie den Teig dann in zwei Teile und formen Sie runde Scheiben daraus. Legen Sie jede auf ein gefettetes Backblech, das mit etwas Cornmeal bestreut wurde. Mit einem Tuch bedecken und auf doppelte Größe aufgehen lassen. Schneiden Sie mit einer scharfen Klinge oder einem scharfen Messer dreimal diagonal oben in die Brote, so daß ein Kreuzmuster entsteht. Die Einschnitte sollten bis zu 1 cm tief sein. Die Brote mit Eiweiß-Wasser Mixtur bestreichen.

Den Ofen auf 200 °C vorheizen. 15 Minuten backen und erneut mit Eiweißglasur bestreichen. Weitere 15 bis 20 Minuten backen, bis die Brote goldgelb sind und hohl klingen, wenn Sie von unten draufklopfen. Auf einem Rost abkühlen lassen. Ergibt 2 Brotlaibe.

Sourdough Vorteig

1 Päckchen Trockenhefe
1 EL Zucker
250 ml lauwarmes (41–44 °C) Wasser
250 ml lauwarme (41–44 °C) entrahmte Milch
240 g ungebleichtes Weizenmehl

In einer großen nicht-metallischen Schüssel Hefe und Zucker in Wasser auflösen und Milch unterrühren. Mehl hinzugeben und rühren, bis es die Konsistenz von Pfannkuchenteig hat. Die Schüssel mit einem umgedrehten Teller abdecken und an einem warmen Ort (24–30 °C) 2 bis 4 Tage stehen lassen. Ein guter Platz ist in der Nähe eines Heizkörpers oder oben auf dem Kühlschrank.
Die Mischung 2 bis 3 mal pro Tag mit einem nicht-metallischen Löffel umrühren. Wenn der Vorteig fertig ist, riecht er angenehm sauer und steckt voller Luftblasen. Verwenden Sie ihn entweder sofort oder stellen Sie ihn in den Kühlschrank. Bevor Sie den Vorteig zum Teig hinzugeben, sollte er allerdings Zimmertemperatur haben. Vorteig glatt rühren, bevor Sie davon die betreffende Menge für den Teig abnehmen. Füllen Sie den Vorteig nach jedem Gebrauch wieder wie folgt auf.

Gleiche Menge Mehl und warme entfettete Milch verwenden. Wenn Sie 250 ml Vorteig verwendet haben, mischen Sie je 250 ml warme Milch und Mehl darunter. Vorteig zudecken und an einem warmen Ort einige Stunden oder über Nacht stehen lassen, bis der Vorteig wieder gährt und Blasen wirft. Zwischen Backgebrauch sollte er gekühlt aufbewahrt und immer auf Zimmertemperatur gebracht werden, bevor Sie ihn zum Backen verwenden. Der Vorteig ist endlos verwendbar, solange Sie ihn ca. alle 2 Wochen einmal zum Backen nehmen. Sollten mehr als 2 Wochen vergehen, schöpfen Sie ca. 125 ml vom Vorteig ab und tun Sie es weg. Füllen Sie dann den Vorteig erneut auf, wie oben beschrieben.

Muffins und Quickbreads

Have a muffin – die allseits beliebte Aufforderung, die anheimelnd nach Omas oder Mutters Küche klingt und ganz einfach daher kommt, daß Muffins wie Quickbreads am besten warm gegessen werden sollten. Der Backgeruch sollte noch in der Luft hängen, wenn der Muffin schon auf dem Teller liegt.
Muffins wie auch Quickbreads basieren auf Rührteig statt Brotteig und haben daher eher etwas mit Kuchen gemein. Amerikaner essen Muffins am liebsten zum Frühstück oder als Snack zu jeder Tageszeit.
Muffins werden in vorgefertigten Backformen gebacken, je nach Größe 6, 9 bis 12 Muffins pro Form. Sollten Sie Schwierigkeiten haben, so eine Form zu finden, können Sie Muffins auch leicht in Förmchen oder in einer Yorkshire-Pudding-Pfanne backen.
Alles paßt in einen Muffin: Mohn und Zitronensaft, Kirschen, Blaubeeren (für die beliebten *Blueberry Muffins*), geraspelte Möhren und Walnüsse, Apfelscheiben und Zimt, Banane, Haferflocken und Rosinen, *Sweet Potato* (Süßkartoffel) oder Kürbis.

Amerikaner essen bekanntlich gerne Eier in jeglicher Art zum Frühstück, und auch hier gibt es den Muffin anstelle von Toast, oder *Pancake*, hinzu. Wenn Sie Probleme mit der Zusammenstellung von Rührei und *Blueberry Muffin* haben, läßt sich dazu nur anmerken, daß sich der Muffin halbiert und mit Butter bestrichen als gutes I-Tüpfelchen zur Tasse Kaffee nach dem reichhaltigen Frühstück macht. Für Kinder ist Muffin der ideale Kuchen, weil er sich gut als Pausensnack macht (und um einiges gesünder ist als ein Schoko-Riegel) und zum Mitnehmen bestens in die Kinderhand paßt.

Quickbreads sind in Kastenform gebackene Rührteigbrote, die Sie je nach Geschmack entweder süß, wie das beliebte *Banana Nut Bread*, oder herzhaft (mit Käse, Chilischoten, Oliven oder Gemüse wie Zucchini) gestalten können. Eine oft servierte und auch schnell zubereitete kalifornische Variante ist *Jalapeño-Cheddar Cheese Bread*. Cornmeal im *Cornbread* (Maisbrot) macht das Brot eher trocken, aber leicht, daher ist die Verbindung mit Käsewürfeln im Teig zu empfehlen.

Was für alle Quickbreads gilt, gilt ebenso für *Cornbread*: Nur für eine Mahlzeit zubereiten, da diese Brotsorte am nächsten Tag schon alt ist. Sie sind daher auch besonders gut für Buffets oder Parties geeignet. Reichen Sie herzhafte Gemüsebrote zu Suppen, Käse, Salat oder zu leichtem Fisch oder Grillgerichten.

Cornbread ist weit über Kaliforniens Grenzen beliebt, besonders als Beilage zu Chili und Suppen. *Cornbread* läßt sich leicht auf einem Backblech (mit hohem Rand) oder in einer Bratenform backen.

Alle Muffins und Quickbreads sollten solange im Ofen bleiben bis sie oben kross braun (oder goldgelb wie *Cornbread*) aber nicht verbrannt sind und sich ein Messer an der dicksten Stelle des Kuchens oder Brotes nach dem Einstechen sauber herausziehen läßt.

Bananen-Nußbrot
Banana Nut Bread

Ofen auf 180 °C vorheizen. Mehl, Natriumkarbonat und Salz in einer Schüssel verrühren. In einer separaten Schüssel (oder Küchenmaschine) Butter mit Zucker schaumig rühren. Die Eier nach und nach unterrühren, Mischung zum Mehl geben und gut verrühren. Die Bananen mit einer Gabel zerdrücken oder im Mixer zu Mus verarbeiten und dem Teig beifügen. Die Nüsse unter den Teig heben und das ganze dann in eine leicht gefettete Brotkastenform (25 x 11 cm) geben. Ca. 1½ Std. backen, bis sich ein Zahnstocher oder Messer sauber herausziehen läßt. Abkühlen lassen und aus der Form nehmen.

Sie können Bananen auch durch getrocknete Feigen ersetzen (dann sollten Sie aber die Zuckermenge um die Hälfte reduzieren).

300 g Vollkornweizenmehl
(oder normales Weizenmehl)
1 TL Natriumkarbonat (Baking Soda)
½ TL Salz
115 g Butter (Zimmertemperatur)
165 g brauner Zucker
2 Eier
250 ml Milch
2 bis 3 reife Bananen
90 g Walnüsse

Einfache Muffins (kleine Rührteigkuchen)
Basic Muffins

240 g Mehl
¾ TL Salz
75 g Zucker
2 TL Backpulver
2 Eier
3 EL geschmolzene Butter
200 ml Milch

Die trockenen Zutaten in eine große Schüssel sieben. Das Ei in einer separaten Schüssel schlagen, Milch und Butter hinzugeben. Formen Sie in den trockenen Zutaten in der Mitte eine Kuhle und gießen Sie dort die Milch-Ei-Mischung hinein. Rühren Sie es schnell mit einer Gabel unter, bis das Mehl feucht geworden ist. Der Teig wird Klumpen haben, das ist normal.

Ofen auf 200 °C vorheizen, Muffinform kurz einfetten oder Papierförmchen für die Muffins verwenden. Füllen Sie den Teig jeweils nur halbvoll in die Formen. 25 Minuten backen oder bis Muffins goldgelb sind und ein Zahnstocher sich sauber herausziehen läßt. Einige Minuten in der Form abkühlen lassen, dann mit einem stumpfen Messer oder einem Holzlöffel aus der Form lösen und warm servieren.

Muffinzutaten:

Frische Beeren lassen sich hervorragend in Muffins backen. Sie sollten zu der Ei-Milchmischung gegeben und dann unter das Mehl gerührt werden. Probieren Sie es mit 125 g frischen Himbeeren und 1 TL geraspelter Zitronenschale, oder 250 g frische Blaubeeren mit ½ TL Zimt, oder 250 g zerkleinerte Cranberries mit 1 TL geraspelter Orangenschale, Banane, Apfel, Birne mit Zimt, Mohn und Zitronensaft, Wal- und Haselnüsse und vieles mehr.

Große Hafer-Muffins
Giant Oatmeal Muffins

180 g Mehl
80 g Haferflocken
¾ TL Salz
2 TL Backpulver
125 g brauner Zucker
1 TL gemahlener Ingwer
1 TL Zimt
2 Eier
65 ml Öl
185 ml Milch
1 Apfel, entkernt, in kleine Stücke geschnitten
65 g Wal-, Hasel- oder Pecannüsse

Alle trockenen Zutaten in einer großen Schüssel vermischen. Den Apfel (ungeschält oder geschält) und die Nüsse hinzugeben und mit der Hand oder einem Holzlöffel unterheben. In einer kleinen Schüssel Eier und Öl verrühren, dann die Milch unterrühren, zu den trockenen Zutaten gießen und verrühren. Den Teig in eine leicht gefettete Muffinform geben und ca. 25 Minuten bei 200 °C backen.

Anza-Borrego-Wüste, San Diego County

Zucchinibrot
Zucchini Bread

120 g Vollkornweizenmehl
180 g Brotmehl
60 g Weizenkleie
1 EL Backpulver
¾ TL Salz, ¼ TL Zimt
¼ TL Muskatnuß (gerieben)
165 g brauner Zucker
1 TL Orangenschale (geraspelt)
375 g geriebene Zucchini (ca. 1 mittelgroße Zucchini)
60 ml leichtes Pflanzenöl
250 ml Milch
2 Eier, geschlagen

Durch Vollkornmehl und Weizenkleie ist dies ein schweres, herzhaftes Brot, das aber sehr gut zu Kaffee oder Tee und natürlich zu Rotwein paßt. Stets warm servieren.

Die trockenen Zutaten gut vermischen. Die geriebene Zucchini und Orangenschale hinzugeben und am besten per Hand unter das Mehl mischen. In einer kleinen Schüssel Milch, Eier und Öl verrühren. Diese Masse zu den trockenen Zutaten hinzugeben und mit einem Holzlöffel gut aber nicht zu lange unterrühren. Den Teig in eine gefettete Kastenform geben (25 x 11 cm) und bei 190 °C ca. 1 bis 1½ Std. backen. Dieses Brot ist feucht, daher wird beim Messertest immer noch etwas Teig am Messer kleben. Allerdings sollte der Teig nicht mehr zähflüssig sein.

Maisbrot
Cornbread

Dieses Quickbread ist eine Spezialität aus den Südstaaten der USA. In Kalifornien wurde es eine beliebte Beilage zu Chiligerichten. Sie sollten Cornbread möglichst nur für den sofortigen Verzehr zubereiten, da es sehr schnell austrocknet.
Im Gegensatz zu Tortillas wird Cornbread aus *Cornmeal* (Maismehl) gemacht, einem grobgemahlenem trockenen Maispulver, was eher mit Weizenkleie oder Weizenschrot vergleichbar ist als mit Mehl (siehe Seite 21).

90 g Weizenmehl
150 g Cornmeal (Maismehl)
2 EL Zucker
1–½ TL Backpulver
½ TL Salz
2 Eier
200–250 ml Milch
2 EL geschmolzene Butter

Alle trockenen Zutaten in einer mittelgroßen Schüssel mischen. Achten Sie darauf, daß Salz und Backpulver gleichmäßig verteilt sind. Die Eier in einer separaten Schüssel mit einer Gabel verrühren, die Milch und geschmolzene Butter hinzugeben und gut unterrühren. Die Ei-Milchmischung auf die trockenen Zutaten geben und gut mit der Gabel verrühren, jedoch nicht zu lange, sonst wird das Cornbread zäh. Den Ofen auf 200 °C vorheizen. In eine gefettete 24 x 24 cm Backform oder Glasform geben und ca. 30 Minuten backen, bis das Cornbread fest ist und ein Zahnstocher sich sauber herausziehen läßt.
Variationen:
Geben Sie 2 EL Schnittlauch oder Frühlingszwiebel unter den Teig. Für *Chili Cheese Cornbread* geben Sie 55 g geriebenen Cheddarkäse sowie eine fein gehackte Jalapeño (siehe Seite 24) hinzu.

Italienische Einflüsse

Obwohl Kaliforniens Bevölkerungsanteil italienischen Ursprungs prozentual eher niedrig ist – im stark bevölkerten Süden des Staates leben vergleichsweise mehr deutsch- als italienischabstämmige Amerikaner –, ist die italienische Küche in kaum einem anderen Bundesstaat so vielfältig und so beliebt.

Die Cucina Italiana kam mit den Einwanderern, die als Fischer, Weinbauern oder Landarbeiter aus Genua, Sizilien oder Neapel nach Kalifornien gingen und konzentriert sich noch heute – traditionell wie auch als *California style* – in San Francisco und dem *Wine Country*. Gelegentlich läßt sich ein typisches italienisches Restaurant auch in Los Angeles finden, aber dort kann man sie an der Hand zählen. Wer in Kalifornien Pasta oder Pizza essen möchte, braucht sich wirklich nicht auf die Suche nach einem italienischen Restaurant zu machen.

Traditionelle *Italian-American* Gerichte, etwa aus der klassischen New York Italian Cuisine, wie sie auch in Restaurants in Kalifornien gereicht werden, sind von *Californian Pasta* und *Pizza* so weit entfernt, als handele es sich dabei um eine komplett andere Küche. Echte New York Pizza in Wagenradgröße wird spartanisch mit Tomatenmark bestrichen, kaum gewürzt aber mit viel Käse gebacken, und ist für alle Amerikaner, die behaupten, Pizza käme aus Amerika und nicht etwa aus Italien, der Inbegriff von Pizza schlechthin.

California Pizza hingegen hat einen eher krossen, dicken Boden und wird in kleiner Ein-Personen-Größe und mit viel Phantasie belegt – nach dem Motto, jedem seine eigene Pizza – verkauft.

Das traditionelle *Italian-American* Pastagericht ist *Spaghetti with Meatballs* (Fleischbällchen), dazu dicke Wurstscheiben, die stundenlang in Tomatensauce mit viel Knoblauch und Oregano gekocht werden. Auch dieses Gericht, wie es an der Ostküste und vereinzelt an der Westküste der USA in traditionellen Restaurants serviert wird, entspringt einer alten Einwanderertradition aus Süditalien, die vielleicht auch durch polnische Nachbarn in der neuen Welt beflügelt wurde, ist gleichzeitig aber auch himmelweit entfernt von dem, was heutzutage als *Californian Cuisine* geschätzt wird.

Californian Pizza

Kalifornische Pizza wird phantasievoll belegt mit Schafskäse, Spinat, sonnengetrockneten Tomaten, Basilikum, Shrimps, in Tequila oder Teriyaki-mariniertem Huhn, Pfefferminzblättern, Bohnen, Artischocken, Spargel, Pilzen, fettarmen Truthahnwürstchenscheiben, Pinienkernen und Oliven.

Eine ganz besondere Variante, die zum erfrischenden Lunch populär wurde, ist die Mexican Salad Pizza, oder *Tostada Pizza*. Man bestellt den Boden frisch aus dem Ofen und bekommt dazu eine Salatbar angeboten, aus der man sich je nach Gutdünken alles mögliche auf die Pizza türmt: Pintos oder schwarze Bohnen, Oliven, Salat, Tomaten, fettarmer Käse, Avocados und feingehackte Chilischoten. Das Ganze wird zur Krönung mit Salatsauce begossen. Beim Lunch arbeitet man sich dann langsam durch den Berg – Wem dies etwas fremd vorkommt, wird vielleicht eher verstehen, daß der Reiz dieses Pizza-Turmbaus die Kombination von frisch knackigem Salat auf heißem, knusprigem Brotboden ist.

Für unsere Pizzarezepte können Sie fertige Pizzaböden, ungebackenen Teig aus dem Kühlfach oder auch ihr eigenes Pizzateigrezept (z. B. auch Sauerteigbrot) verwenden. Allerdings sollte der Pizzateig grundsätzlich nicht zu dünn ausgerollt werden, da manche Pizzas bis zu 20 Minuten Backzeit brauchen und ein dünn ausgerollter Teig sonst vielleicht zu trocken und kross wird.

Pizza mit Rosmarinhuhn und Cocktailtomaten
Rosemary Roasted Chicken & Tomato Pizza

Hühnerfleisch enthäuten, säubern und alles Fett abschneiden. Stechen Sie die Spitze eines kleinen Küchenmessers an mehreren Stellen ins Fleisch und schieben Sie frische Rosmarinzweigstücke hinein. Das Huhn mit Olivenöl einfetten und grillen. Nachdem es abgekühlt ist, trennen Sie das Fleisch von den Knochen und schneiden Sie es in Streifen oder Würfel.

Den Pizzateig auf ein Backblech oder einer 35 cm runden Pizzaplatte ausrollen, mit Olivenöl und frisch gepreßtem Knoblauch bestreichen. Drücken Sie die Hühnerstreifen in Abständen in den Teig und legen Sie gegrillte Zwiebelstücke dazwischen. Bedecken Sie den Rest des Pizzateigs mit den Cocktailtomaten und träufeln Sie zusätzliches Olivenöl auf noch trockene Teigstellen. Mit frischen Rosmarinzweigen garnieren und bei 190–220 °C backen, bis die Kruste braun ist.

500 g Pizzateig
2 bis 3 Hühnerstücke (Brust und Keule)
in Olivenöl und frischem Rosmarin
mariniert
frisch gepreßter Knoblauch
1 gegrillte Zwiebel, geachtelt
oder in Scheiben
10 Cocktailtomaten, geviertelt
½ Bund frischer Rosmarin
Rosmarin am Stiel zur Garnierung

Hibiskusblüten

Auberginenpizza
Eggplant Pizza

1 mittlere bis große Aubergine
100–150 ml Olivenöl
500 g Pizzateig
3 Knoblauchzehen, gepreßt
2–3 EL Tomatenpüree oder Marinarasauce
30 g frischer Oregano
100 g geraspelter milder Käse
(milder Cheddar oder Jack cheese)
3 frische Champignons
50–100 g Parmesan und Romano-Käse
frisch gemahlener schwarzer Pfeffer

Ofen auf 220 °C vorheizen. Die Aubergine in relativ dünne Scheiben schneiden. Geben Sie die größere Menge des Olivenöls auf einen Teller und tauchen Sie die Auberginenscheibe mit einer Seite ins Öl. Die Scheiben können Sie dann entweder 5 bis 10 Minuten grillen (geölte Seite nach oben), oder kurz auf einer Seite in einer Pfanne anbraten oder sie auf dem obersten Rost im Ofen rösten. Die Auberginenscheiben sollten schön braun werden – sie brauchen nicht gewendet werden.

Wenn Sie frischen Pizzateig verwenden, pressen Sie den Teig auf ein leicht gefettetes Backblech. Gepreßten Knoblauch mit Tomatenpüree oder Marinarasauce vermischen und dünn auf den Teig streichen. Etwas Olivenöl darauftröpfeln.

Die einseitig gerösteten Auberginenscheiben eng nebeneinander auf den Teig legen, mit Oregano bestreuen, etwas mehr Olivenöl daraufgeben und mit geriebenem Käse bedecken. Die Champignons hauchdünn schneiden, auf die Pizza legen und mit Parmesan und Romano-Käse bestreuen. Mit frisch gemahlenem schwarzem Pfeffer würzen und in den Ofen schieben. Ofentemperatur auf 170–180 °C stellen. Die Pizza ist in ca. 20 Minuten fertig.

Malibu Pizza

Pizzateig für 4 Personen (ca. 500 g)
100 g (falls getrocknet) sonnengetrocknete
Tomaten; falls eingelegt, ein großes Glas
marinierte getrocknete Tomaten
Olivenöl
3–4 Knoblauchzehen
frische Kräuter
250 g Schafskäse
(oder frischer Ziegenkäse)
½ Bund frische Minze
4–5 EL Pinienkerne
2–3 EL fein geriebener Romano
oder Parmesan

Falls Sie keine bereits marinierten sonnengetrockneten Tomaten zur Hand haben oder diese selbst einlegen möchten, sollten Sie die Tomaten am Vortag zubereiten.

Trockene Tomaten in eine Schüssel geben und mit kochendheißem Wasser aufgießen. Wenn sie weich geworden sind, Wasser abgießen und Tomaten in ein Schraubglas oder eine gut verschließbare Schale geben, mit ausreichend Olivenöl bedecken und 3 bis 4 klein geschnittene Knoblauchzehen, einen EL frische Kräuter Ihrer Wahl (z. B. Basilikum, Thymian oder Oregano) hinzufügen und verschließen. Mindestens 6 Stunden, am besten allerdings einen Tag marinieren lassen. Möglichst nicht in den Kühlschrank stellen, da das Olivenöl sonst hart wird. Für längere Aufbewahrungszeit können Sie das Glas nach der ersten Marinierung und Gebrauch in den Kühlschrank stellen, müssen es dann allerdings immer mehrere Stunden vor Verwendung auf Zimmertemperatur bringen.

Pizzateig ausrollen, entweder auf 2 Backblechen oder zu 4 individuellen Pizzas. Die eingelegten Tomaten darauf verteilen, den Schafskäse in kleinen Würfeln darüberstreuen und Minzeblätter dazwischen verteilen. Pinienkerne gleichmäßig verteilen und Parmesan oder Romano auf freibleibende Stellen streuen. Die Ränder und eventuell noch freie Pizzateigstellen mit restlichem Olivenöl beträufeln und die Pizza in einen auf 220 °C vorgeheizten Ofen schieben. 10 bis höchstens 15 Minuten backen, eventuell das Blech wenden oder Pizzen drehen, falls ungleichmäßig gebräunt. Sofort servieren.

Pizza mit Spinat und Schafskäse
Spinach & Feta Pizza

Spinatblätter im Dampfbad 3 Minuten garen, bis sie gerade weich geworden sind. Abkühlen lassen und grob zerhacken. Pizzateig ausrollen, mit geröstetem Knoblauch bestreichen und Olivenöl darüber träufeln. Spinat und zerbröckelten Fetakäse auf der Pizza verteilen, mit Pinienkernen bestreuen und mit schwarzem Pfeffer würzen (Salz ist aufgrund des Schafskäses nicht erforderlich). Zuletzt mit geriebenem Romanokäse bestreuen und bei 200 °C ca. 15 Minuten im Ofen backen, bis der Romano geschmolzen ist oder die Fetawürfel gebräunt sind.

500 g Pizzateig
1 Bund gedämpfter Blattspinat, grob gehackt (ca. 500 g)
4 geröstete Knoblauchzehen
Olivenöl
125 g milder Feta (Schafskäse)
3 EL Pinienkerne
frisch geriebener Romanokäse
frisch gemahlener schwarzer Pfeffer

Tostada Salat-Pizza
Tostada Pizza

Einen 30 cm Durchmesser Pizzaboden, hausgemacht vorgebacken oder aus dem Kühlregal frisch ausgerollt.
Chilibohnen über Pizzaboden verteilen. Mit geriebenem Käse bedecken, die Zwiebel und Mais daraufgeben. Ca. 20 Minuten in einem auf 250 °C vorgeheizten Ofen backen, bis der Käse geschmolzen und der Pizzarand gebräunt und knusprig ist.

Essig und Öl verrühren, saure Sahne und Chilisauce hinzugeben. Über den Salat gießen und kurz wenden. Die heiße Pizza in 4 große Stücke schneiden und auf die Teller geben. Den Salat auf den Pizzastücken verteilen. Mit frischem Cilantro, Tomaten- und Avocadoscheiben oder -würfeln garnieren.

¼ Liter Black Bean Chili
250 g geriebener Käse (Cheddar, Münster, Schweizer oder Jack)
250 g gekochter Mais
¼ mittelgroße braune Zwiebel, sehr fein geschnitten oder geraspelt
Salat
¼ mittelgroße braune Zwiebel, geraspelt oder sehr fein geschnitten
8 Champignons, in dünne Scheiben geschnitten
½ rote Paprika, ½ grüne Paprika
½ grüne Gurke, dünn geschnitten
Salatsauce
1 EL Himbeeressig oder anderer Weinessig, 1 EL Olivenöl
75 g saure Sahne
2 EL Chipotle Chili Sauce oder andere scharf-pikante Chili Sauce
Salz und Pfeffer nach Geschmack
Garnierung
frischer Cilantro
1 große Tomate, 1 Avocado

Teriyaki-Erdnuß Pizza
Teriyaki Peanut Pizza

400 g Pizzateig
3 Stücke Huhn, enthäutet, gesäubert und
alles Fett entfernt, in Teriyaki Sauce
(siehe Seite 100) mariniert und gegrillt
Sesamöl
1 braune und 1 rote Zwiebel,
geschält und im ganzen gegrillt
1 rote Paprika, flammengeröstet oder
gegrillt, verbrannte Haut entfernen
frischer Limonensaft
Ingwer (ein etwa 5 cm langes Knollen-
stück), gepreßt
3 EL frische Cilantroblätter
eine Hand voll Sojasprossen
4 EL geröstete Erdnüsse (ungesalzen)

Kalifornien wie es leibt und lebt: Asien trifft auf Mexiko und Italien. In Farbzusammen-stellung und Geschmack fast nicht zu übertreffen.

Das Huhn schon am Vortage zubereiten und über Nacht in Teriyaki-Sauce marinieren las-sen. Ausgerollten Pizzateig großzügig mit Sesamöl bestreichen. Gegrilltes Hühnerfleisch vom Knochen trennen, in Streifen schneiden und zusammen mit gegrillten Zwiebel-scheiben oder Zwiebelachteln und schmalen Streifen der gegrillten Paprika auf den Pizzateig legen. Mit gepreßtem Ingwer- und Limonensaft beträufeln und mit frischen Cilantroblättern garnieren.
Bei 190 °C ca. 15 Minuten backen, bis die Kruste braun ist.
Die Sojasprossen und Erdnüsse während der letzten 7 Minuten im Ofen auf der Pizza verteilen.

Meeresfrüchtepizza
Seafood Pizza

300 bis 400 g Pizzateig
Olivenöl
200 g Kammuschelfleisch (Scallops)
12 große Tiger Shrimps (ohne Kopf,
aber in Schale und gesäubert)
Saft einer Limone oder einer halben
Zitrone
⅛ Glas Weißwein
6 gegrillte oder geröstete Knoblauchzehen
4 grob gehackte Frühlingszwiebeln
frischer Thymian

Den Boden einer großen, tiefen Pfanne mit Olivenöl bedecken, auf mittlerer Flamme erhitzen und Kammuschelfleisch und Tiger Shrimps hineingeben. Frisch gepreßten Saft einer Limone und Weißwein darübergießen und dünsten, bis die Shrimps ganz und gar rosa sind und die Kammuscheln nicht mehr glasig sondern weiß sind. Eventuell Flamme klein stellen und kurz zudecken. Frühlingszwiebeln unter die Muscheln und Shrimps heben und Pfanne vom Feuer nehmen. Das Mus drei gerösteter Knoblauchzehen in Olivenöl verrühren und den Pizzateig damit bestreichen. Ordnen Sie jetzt die Shrimps (in Schale) nach Belieben auf der Pizza an, kreisförmig oder mit Abstand zwischen jeder Shrimp. Verteilen Sie dann das Muschelfleisch dazwischen oder drumherum und geben Sie die Frühlingszwiebeln auf den Teig. Zerschneiden Sie die übrigen gerösteten Knob-lauchzehen und legen Sie sie beliebig auf die Pizza. Shrimps und Muscheln leicht mit der Kochflüssigkeit aus der Pfanne beträufeln, mit Thymian bestreuen und bei 180 °C im Ofen backen bis die Kruste braun ist.
Zu dieser Pizza unbedingt einen guten Chardonnay reichen.

Abendessen unter freiem Himmel, Ghirardelli Square, San Francisco

Pasta à la California

Pasta paßt zu allem. In Kalifornien wird sie mit Lachs, Muscheln, geröstetem, gedünstetem oder gegrilltem Gemüse, mit Nüssen oder in Cilantro-Pesto, mit geröstetem Schafskäse und Spargelspitzen, mit Huhn vom Grill und Salat serviert.

Pasta eignet sich bei kalifornischen Sommertemperaturen bestens für die leichte, gutbekömmliche Mahlzeit und wird daher oft kalt serviert: frisch in Olivenöl und etwas Essig gewendet, mit frisch gemahlenem Pfeffer und frisch geriebenem Parmesan oder Romanokäse. Dazu eine Handvoll frischer Kräuter: Basilikum, Brunnenkresse, Cilantro oder frischer Thymian. Statt Sauce dienen oft frisch geschnittene Tomaten, Arugula oder gegrilltes, mariniertes Gemüse, ein paar Streifen geschnetzeltes Huhn oder gegrilltes Kammuschelfleisch, etwas trockener Käse, das ganze mit einer leichten pikanten Marinade übergossen, z.B. Sesam-Ingwer, Balsamico und etwas Öl, Zitronensaft-Vinaigrette und einen Zweig frische Minze oder Cilantro als Garnierung.

Diese durchaus wetterbedingten Pastavariationen haben mehr mit chinesischem stir-fry, Thai oder dem mexikanischen Gebrauch Chilischoten im Feuer zu rösten gemein, als mit den sorgfältig zubereiteten Saucen der italienischen Küche. Der Geschmack vieler kalifornischer Pastagerichte entsteht aus der bißfesten Frische der Kräuter, der kurz, dafür aber heiß, gegrillten Gemüse, die somit noch viel von ihrer Erntefrische behalten, und dem phantasievollen Gebrauch von Öl und Essig oder Ingwer und Limonensaft.

Bei kalifornischer Pasta ißt vor allem auch das Auge mit. Die Farbkonstellationen weichen weit von der standardmäßigen Kombination Pasta-Tomatensauce-Parmesan oder der cremigen Alfredo ab. Für die ganz Verspielten gibt es in Kalifornien bei speziellen Gourmet-Läden zum Valentinstag Pasta in Herzchenform, zu Weihnachten spinatgefärbte Tannenbaumpasta, und zur Superbowl, dem alljährlichen Endspiel der besten American Football Teams der zwei Nationalligen, Pasta in Football-Form.

Pesto aus frischem Koriander und Walnüssen
Cilantro and Walnut Pesto

Cilantro läßt sich zu Pesto verarbeiten und verleiht ihr einen angenehm intensiven Geschmack. Außer zu Pasta können Sie diese Pesto auch auf Pizza oder Sandwich-Brot streichen.

60 g frischer Cilantro
30 g grob gehackte Walnüsse
2 Knoblauchzehen
3 EL geriebener Parmesan
2 EL Olivenöl

Cilantroblätter nach dem Waschen von den Stielen rupfen und in einen Mixer oder Küchenmaschine geben. Nüsse, Knoblauch und Käse hinzugeben, dann das Olivenöl und mixen. Sollte die Pesto zu dick sein, geben 1 bis 2 TL Wasser oder Öl hinzu, um auch das Mixen zu erleichtern. Pesto läßt sich bis zu einer Woche im Kühlschrank aufbewahren oder kann auch eingefroren werden.

Shrimps mit Paprika und Zuckererbsen
Shrimp with Peppers and Snow Peas

Diese Zusammenstellung von Shrimps und Zuckererbsen gibt der Pasta ein asiatisches Flair. Es läßt sich in kürzester Zeit wie jedes andere Stir-fry-Gericht zusammenstellen.

Olivenöl und Butter in einem Wok oder einer großen, tiefen Pfanne erhitzen. Knoblauch und Ingwer kurz dünsten bis braun und aromatisch. Paprika, Pilze und Zuckererbsen hinzugeben und auf hoher Flamme schnell unter ständigem Umrühren garen, bis das Gemüse weich aber noch bißfest ist. Die Shrimps hinzugeben und weiter garen, bis alles gleichmäßig heiß ist.
Wok vom Feuer nehmen und mit Salz und Pfeffer abschmecken. Heben Sie die Shrimps-Gemüse-Mischung entweder unter die gekochte, gut abgetropfte Angel Hair Pasta oder geben Sie die Mischung direkt auf die Pasta auf dem Teller. Mit frischen Frühlingszwiebeln garnieren und Parmesan dazu reichen.

1 EL Olivenöl
1 EL Butter
2 Knoblauchzehen, gepreßt
1 TL frischer Ingwer, gepreßt
½ rote Paprika und ½ gelbe Paprika, in dünne Streifen geschnitten
125 g Steinpilze (oder andere Pilzsorte), in Scheiben geschnitten
125 g Zuckererbsen, Fäden und Enden entfernen
250 g Shrimps, gekocht oder gedünstet und gepellt
3 Frühlingszwiebeln, fein geschnitten
300 g Angel Hair Pasta, al dente

Das Mittelmeer am Pazifik
Mediterranean on the Pacific

Der Geschmack dieses schnell zubereiteten, gesunden und leicht bekömmlichen Pasta-gerichts ist dezent und variiert (sehr zu seinem Vorteil) nicht nur von Mal zu Mal, sondern auch je nach Geschmack des Kochs oder der Köchin: Geben Sie einmal mehr Pinienkerne, Schafskäse, Oliven oder eine andere Kräutersorte hinzu.
Olivenöl in einer großen tiefen Pfanne oder Wok erhitzen und Knoblauch goldgelb dünsten. Geben Sie Paprika und grüne Bohnen hinzu und kochen Sie es auf hoher Flamme unter ständigem Wenden bis das Gemüse zart aber noch bißfest ist.
Schafskäsewürfel hinzugeben und unterheben; Sie sollten darauf achten, daß der Schafs-käse nicht zerfällt. (Die Würfel sollten leicht schmelzen, aber ihre Form behalten.) Frische Kräuter darüberstreuen und vorsichtig wenden. Vom Feuer nehmen und mit Salz und Pfeffer abschmecken.
Erhitzen Sie eine kleine Pfanne auf mittlerer Flamme, um die Pinienkerne zu rösten. Pinienkerne wie andere Kerne oder Nüsse sind hoch fetthaltig und brauchen daher kein Öl oder Fett. Schütteln oder schieben Sie die Pfanne häufig hin und her, während die Kerne ca. 2–3 Minuten dunkelbraun bis goldgelb rösten, damit sie nicht auf einer Seite verbrennen. Die abgetropfte Pasta auf die Teller verteilen, das Gemüse daraufflöffeln und mit den gerösteten Pinienkernen garnieren.

1 EL Olivenöl
1 Knoblauchzehe, gepreßt
frischer Oregano, Basilikum oder Thymian
½ große rote Paprika, in dünne Streifen geschnitten oder gewürfelt
250 g grüne Bohnen (gefroren oder wenn frisch, im Dampfbad gedünstet)
125 g Schafskäse, in große (mind. 3 cm) Würfel geschnitten
75 bis 100 g Pinienkerne
500 g Fusilli Pasta

Große Pastamuscheln gefüllt mit Lachs und Ricotta-Käse
Giant Pasta Shells stuffed with Salmon

Dieses Gericht kann als Vorspeise oder als Hauptgericht mit Brot und einem Salat serviert werden. Für eine Vorspeise sollten Sie von allen Zutaten etwa die Hälfte nehmen. Wir haben 4 Pastamuscheln pro Person (Hauptgericht) vorgesehen, erhöhen oder vermindern Sie die Menge je nach Bedarf. Dieses Gericht ist gehaltvoll, obwohl fast kein Fett verwendet wird.

Wasser in einem hohen Topf zum Kochen bringen, etwas Öl und Salz hineingeben, damit die Pastamuscheln nicht kleben. Sobald das Wasser kocht, 16 Pastamuscheln hineingeben, kleiner stellen und die Küchenuhr auf 10 bis höchstens 15 Minuten stellen.

Butter in einer Pfanne auf mittlerer Flamme schmelzen und die Lachsstücke hineinlegen. Dies braucht kein Filetstück zu sein, verwenden Sie ruhig preiswertere Lachsstücke, die allerdings gut gesäubert, ohne Gräten oder Fett und sorgfältigst enthäutet sein müssen. Träufeln Sie während des Dünstens etwas Zitronensaft über den Fisch.

In der Zwischenzeit Ricotta-Käse, saure Sahne, Kräuter, Salz und Pfeffer, Hot Sauce, Paprika, etwas Zitronensaft und ⅔ des Parmesan in einer kleinen Schüssel verrühren. Den Lachs in der Pfanne wenden, etwas mehr Zitronensaft über den Fisch träufeln, auf kleinste Flamme stellen und mit einem Deckel zudecken. Etwas Olivenöl in eine quadratische Backform oder Glasform gießen.

Die Pastamuscheln prüfen, sie sollten jetzt fast gar sein, d. h. sie müssen biegbar aber nicht zu weich sein, da sie sonst leicht reißen oder auseinanderfallen. Pasta gut abtropfen lassen und zur Seite stellen. Ofen auf 180 °C vorheizen.

Den Lachs mit einem Holzlöffel oder Bratenwender in kleine Stücke zertrennen, zur Ricottamischung geben und mit einer Gabel vorsichtig unterheben. Jede Pastamuschel mit etwa 1 EL Ricotta-Lachs füllen und in die Backform setzen. Setzen Sie die erste Pastamuschel in eine Ecke und lehnen Sie die nächste dagegen usw. bis die Form gefüllt ist. Restlichen Parmesan über die Muscheln streuen. Die Form mit Alufolie oder Deckel abdecken und ca. 15 Minuten im Ofen garen. Folie oder Deckel abnehmen und weitere 5 bis 10 Minuten backen, bis die Ränder der Pastamuscheln leicht knusprig sind.

Mit einem Teller Baby Greens Salad in Himbeer-Vinaigrette und einem Stück Foccaccio Brot (siehe Seite 35) auf dem Teller servieren.

Dieses Rezept läßt sich auch gut durch Zugabe von Spinat abändern. Ca. ½ Bund frischen Blattspinat dämpfen oder 2 bis 3 Minuten kochen, bis die Blätter gerade weich geworden sind. Spinat gut abtropfen lassen, mit Küchenpapier zusätzliche Flüssigkeit abtupfen, grob zerhacken und unter die Ricottamischung heben.

16 große Pastamuscheln, zum Füllen
½ TL Butter
500–600 g Lachs (enthäutet und entgrätet)
Zitronensaft
300 g teilentrahmter Ricotta-Käse
1½ gehäufter EL saure Sahne
2 TL frischer Thymian
10 frische Basilikumblätter, grob gehackt
1 TL frischer Oregano
¼ TL Paprika
1 Schuß Hot Sauce (Chili-Sauce)
2 EL Parmesan, gerieben
Salz und frisch gemahlener Pfeffer
Olivenöl

Junges Zitronenwäldchen, Route 23, Fillmore

Kalifornische Pasta Primavera
California Pasta Primavera

2 EL Olivemöl, 2 EL Butter
4 Knoblauchzehen, gepreßt
1 kleine Jalapeño Chili, fein geschnitten
1 TL frischer Ingwer, geraspelt oder gepreßt
½ mittelgroße Zwiebel, in hauchdünne
Scheiben geschnitten, 60 g frischer
Basilikum, gehackt, 60 g frischer Cilantro,
gehackt, 125 g Broccoli
1 Zucchini, längs halbiert und in
1 cm breite Scheiben geschnitten
250 g Champignons, in Scheiben
geschnitten, 250 g frischer Spinat,
Blätter grob zerrupfen
wahlweise: ⅛ eines kleinen Rotkohls,
in dünne Streifen geschnitten
1 mittelgroße Tomate, gewürfelt
500 g Spinatfettuccine

In dieser exotischen Variante des traditionellen Pasta-Gerichtes treffen italienische, mexikanische und chinesische Bräuche aufeinander.

Olivenöl und Butter in einer tiefen Pfanne oder Wok-Pfanne erhitzen. Ingwer, Jalapeño und Knoblauch kurz dünsten bis der Knoblauch goldgelb und aromatisch ist. Zwiebel, ⅓ des Basilikum und ¾ Cilantro hinzugeben und bei mittlerer Hitze kochen bis die Zwiebeln glasig sind. Ständig umrühren, damit die Kräuter nicht verbrennen. Alles Gemüse auf einmal dazugeben und auf mittlerer Flamme unter ständigem Umrühren kochen, bis die Gemüse zart aber bißfest sind. Vom Feuer nehmen und mit Salz und Pfeffer abschmecken. Auf Fettuccine löffeln, mit Basilikum und restlichem Cilantro garnieren und mit Parmesan servieren.

Linguine mit Steinpilzen und grünem Spargel
Linguine with Porcini Mushrooms and Asparagus

500 g frischer grüner Spargel
1 EL Pinienkerne, 3 EL Butter
250 g Steinpilze, in dicke Streifen
geschnitten
2 Knoblauchzehen, fein gehackt
250 ml Sahne (flüssig, alternativ:
Crème Fraîche, saure Sahne)
4 Frühlingszwiebeln, in 2 cm lange Stücke
geschnitten
5 g frischer Thymian, fein gehackt
etwas Salz
500 g getrocknete Linguine oder
300 g frische Linguine
Parmesankäse

Zuerst die harten Spargelenden abschneiden. Den Spargel in 5 cm lange Stücke schneiden. (Grüner Spargel braucht nicht geschält zu werden.) Den Spargel ca. 3 bis 4 Minuten im Dampfbad dünsten. Der Spargel sollte nur ansatzweise gegart sein. Aus dem Topf nehmen und zur Seite stellen.
Die Pinienkerne in einer großen Pfanne ca. 3 Minuten auf niedriger bis mittlerer Flamme wenden bis sie goldgelb sind. Aus der Pfanne nehmen und zur Seite stellen.
Butter in einer Pfanne schmelzen und Pilze und Knoblauch hinzugeben. Unter ständigem Rühren garen bis die Pilze leicht braun sind. Vom Feuer nehmen, Sahne hinzugeben und leicht aufkochen bis die Sahne sich leicht verdickt. Frühlingszwiebeln, Thymian und Spargel hinzugeben und bei ständigem Wenden kurz kochen bis alles gleichmäßig erhitzt ist. Mit Salz abschmecken und mit der gekochten Linguine vermischen. Pinienkerne darüberstreuen und mit Parmesan servieren.
(Linguine: Pasta oder Bandnudeln, allgemein von gleicher Länge wie Spaghetti, aber viel dünner als deutsche Bandnudeln.)

Pasta mit Huhn nach Thai-Art
Thai Chicken Pasta

Verrühren Sie für die Sauce den Limonensaft und das Sesamöl bis es gebunden ist. Heben Sie dann die restlichen Zutaten darunter und stellen Sie es zur Seite.
Die Öle in einer großen Wok-Pfanne auf mittlerer Flamme erhitzen. Ingwer und Knoblauch hinzugeben und leicht dünsten. Huhn hinzutun und *stir-fry* bis fast gar kochen (etwa 10 Minuten). Geben Sie während des Kochens etwas Salz hinzu. Karotten und Frühlingszwiebeln hinzugeben und weiter kochen bis die Karotten zart sind, etwa 3 Minuten. Cilantro hinzugeben und weitere 2 Minuten kochen.

Kochen Sie in der Zwischenzeit die Pasta, die dann gut abgetropft in eine große Schüssel gegeben werden sollte. Die Huhn-Gemüse-Mischung auf die Pasta geben, Sauce darübergießen und mit einem Salatbesteck oder zwei Kochlöffeln wenden.
In Salatschalen oder Suppentellern mit Sojasprossen und zerhackten Erdnüssen garniert servieren.

Für die Sauce:
60 ml Limonensaft, 1 EL Sesamöl, 1 EL Minze, am besten frisch und klein gehackt, oder getrocknet, 1 EL Cilantro, fein gehackt, 1 TL Zucker, ½ TL geschrotete rote Chilis, 2 EL Erdnüsse, geröstet, gesalzen und zerhackt, ¼ grüne Gurke, geschält, entkernt und in dünne Scheiben geraspelt
15 ml Öl (zum Kochen und Braten)
1½ TL Sesamöl, 1 EL frischer Ingwer, fein gehackt, 2 Knoblauchzehen, fein gehackt etwas Salz, 4 kleine Stücke Huhn (Brustfleisch), enthäutet und ohne Knochen, in 2–3 cm große Würfel geschnitten (ca. 500 g), 3 kleine Karotten, in feine Stücke geschnitten, 3 Frühlingszwiebeln, in fingerbreite Stücke geschnitten, 30 g Cilantro, fein gehackt, 300 g Angel Hair Pasta
Zum Garnieren:
250 g Sojasprossen, 30 g Erdnüsse, geröstet und gesalzen, gut zerhackt

Pasta mexikanisch
Mexican Pasta

Öl in einer großen, tiefen Pfanne oder Wok erhitzen. Die Zwiebel dazugeben und leicht bräunen. Knoblauch und Steakwürfel hinzufügen und das Fleisch anbraten. Mit Salz und Pfeffer abschmecken. Die Paprika hinzugeben und kurz unter ständigem Wenden kochen, bis die Paprika etwas angebraten, aber noch bißfest sind. Chilis hinzugeben und unterrühren.
Penne kochen, abtropfen lassen und auf den Tellern verteilen. Die Sauce auf die Pasta löffeln und mit frischen Cilantroblättern garnieren. Parmesan wahlweise dazu reichen.

1 EL Öl, 1 hauchdünn geschnittene Zwiebel, 4 große Knoblauchzehen, gepreßt, 500 g Sirloin (Lenden-) Steak, in bißgroße Würfel geschnitten, Salz, Pfeffer, je 1 rote, grüne und gelbe Paprika, in Streifen geschnitten, 3 EL Chipotle Chilis in Adobosauce, klein geschnittten, frischer Cilantro, Parmesan oder Romano Käse, gerieben, Penne Pasta für 4 Personen

Mexikanische Einflüsse

Als Cortez 1519 auf die Aztekenhauptstadt Tinochtitlan (das heutige Mexico City) stieß, hatte die Stadt über 200.000 Einwohner – weit mehr als selbst London oder Florenz zu jener Zeit – und war somit die größte Stadt, die ein Europäer je gesehen hatte.

Die Entdeckung Amerikas und die daraus folgende Zerstörung alter Kulturen war ein unwiderruflicher, grausamer Einschnitt in die Geschichte der neuen Welt; sie wirkte sich gleichermaßen bedeutend auf Europa aus, wenn auch um einiges gewaltloser. In Lateinamerika trafen Welten aufeinander, die von ihrer gegenseitigen Existenz nichts ahnten und sich in fast nichts ähnelten, sich aber fortan für immer ungewollt vereinen sollten. Ausläufer dieses Aufeinandertreffens zeigen sich noch heute in Immigration und einer dadurch geprägten multikulturellen Gesellschaft.

Die erste Besiedlung des heutigen Kaliforniens durch Europäer erfolgte durch die spanischen Franziskanermönche, die sich von Mexiko aus daran machten, den Norden zu erforschen, um die ansässigen Indianer durch Religion zu „zivilisieren" und das Land durch die Errichtung von Missionskirchen zu erobern, die wie einsame Mini-Festungen der spanischen Krone entlang des *El Camino Real* (der Königlichen Landstraße) standen. Die Mönche begaben sich per Packesel und zu Fuß auf diese strapaziöse Reise und bauten zwischen 1769 und 1823 in Zusammenarbeit mit seßhaften Indianern, die sie meistens zu Sklaven machten, ihre 21 kalifornischen Missionskirchen im spanischen Stil.

Die Anfänge der heutigen mexikanischen Küche entstammen dieser Zeit und somit ist *Mexican Food* eine amerikanisch-europäische Zusammenarbeit ersten Ranges: Käse und Rindfleisch kam mit den Kühen aus Europa, zudem gelangte europäischer Weizen in die neue Welt; Amerika lieferte Squash, Mais, Avocados, Tomaten und die Chilischote.

Mexikanische Tortillas wurden mit der Hand aus gemahlenem Mais und Wasser geformt und in Tonöfen gebacken, und das ist in Mexiko oft noch heute so. In Kalifornien werden Tortillas in 12er Packungen frisch in den Supermarkt geliefert. Sie sind billig und lassen sich schnell, am besten über der offenen Flamme oder in Alufolie im Ofen erwärmen.

Einheimische kalifornische Palmen

Nur Maistortillas werden für Hardshell Tacos, Tortilla Chips oder Tostados kurz knusprig gebraten.

Es ist sehr leicht, Tortillas selbst zu machen, was insofern erfreulich ist, da sie in Deutschland selten zu kaufen sind.

Tortillas sind das Grundnahrungsmittel der mexikanischen Küche. Sie sind entweder fester Bestandteil des Gerichts wie in Tacos, Burritos, Enchiladas und Tostados oder werden zu jedem mexikanischen Gericht gereicht, denn so ziemlich alles läßt sich in Tortillas einwickeln oder mit Tortilla Chips auftunken. Rührei mit Bohnen und einem Teelöffel Salsa in einer Weizentortilla ergeben einen *Breakfast Burrito*.

Ein weiteres traditionell mexikanisches Gericht ist die *Tamale*, eine Mischung aus *Cornmeal* (Maisgries), Fett (traditionell Schmalz), Gemüse und Fleisch, die in eine Maishülle gewickelt im Dampfbad oder im Ofen gegart wird.

Mexikaner in Kalifornien bilden die größte Gruppe Einwanderer, die hart und emsig für den Dollar und den damit in ihren Augen verbundenen Status arbeiten. Oft wird die ganze Familie aus Mexiko (sprich: Me'hi'ko) mit ins Land gebracht, damit alle mit anpacken können, um den heißersehnten Wohlstand im „el Norte" in Reichweite zu bringen. In Städten wie Los Angeles stehen des Morgens die ärmsten und neuesten, legalen und auch illegalen mexikanischen Immigranten an Straßenecken vor Baulieferanten und Eisenwarengroßhandlungen und hoffen auf Tagesarbeit, wobei die illegalen Immigranten mit einem Stundenlohn unter dem so oder so niedrigen Mindestsatz rechnen müssen. Viele arbeiten daher bis zu 18 Stunden in 3 oder 4 Jobs pro Tag. Im breiten, von Farmbetrieben besiedelten San Joaquin Valley stehen mexikanische Landarbeiter tagtäglich mit Sonnenaufgang vor den Toren, in der Hoffnung, für die Ernte angeheuert zu werden. Und wo eine Menge Mexikaner zusammenkommen, taucht unwillkürlich innerhalb einer Stunde ein fahrbarer Tacostand auf. Ein Compadre, der erkennt, wieviel Geld ihm die Kochkunst seiner Mutter und Großmutter einbringen wird, baut mitunter seinen Kombi zu einem Tacostand um und verkauft frisch zubereitete Tacos und Burritos.

Ein Blechrohr zur Entlüftung, eine Heizplatte und ein Grill, ein kleiner Kühlschrank und eine Arbeitsfläche reichen aus. Mutter, Kinder, Tanten und Onkel sind meist dabei, und der Tacostand ist 18 Stunden lang in Betrieb. Die Qualität der aus dem Tacostand verkauften Snacks variiert – entweder ist das Essen hervorragend: Besser, billiger und authentischer als die Mahlzeit aus dem erheblich teuerem mexikanischen Kettenrestaurant; oder aber es ist wirklich ungenießbar. Ein guter Tip für Kalifornienbesucher ist, sich einen Tacostand auszusuchen, vor dem viele Mexikaner Schlange stehen.

Mexican Food eignet sich zum Straßenverkauf, da es immer frisch in kleinen Portionen zubereitet wird. Ein knuspriger Taco mit etwas geschnetzeltem Steak, frisch gehacktem Salat und Tomaten, Zwiebeln und Avocado oder Guacamole (siehe Seite 24), geraspeltem Käse und einem Klecks saurer Sahne ist perfekt bei kalifornischen Sommertemperaturen um 38 Grad: Leicht, frisch und handlich und auch ideal für die Terrasse oder am Strand bei Sonnenuntergang und dazu ein Glas frisch gepreßte *Lemonade* (ein frisches Zitronensaftgetränk auf Eis) oder Eistee mit Minze.

Tortillas aus Maismehl
Corn Tortillas

Tortillas (Tor'tie'jaas) werden in Mexiko und Zentralamerika anstelle von Brot gegessen. Viele der mexikanischen Rezepte in diesem Buch basieren auf Tortillas. Maistortillas werden aus Maismehl gemacht, was auf spanisch Masa Harina heißt. Es ist ein fein gemahlenes Mehl und hat eine leicht feuchte, schwere Konsistenz.

Den Teig mit der Hand mixen, bis er feucht aber noch fest genug ist, um selbst seine Form zu halten. Teig in 12 Portionen teilen und mit den Handflächen 12 Bälle daraus rollen. Pressen Sie je einen Ball zwischen 2 Blatt Wachspapier oder verwenden Sie eine Tortillapresse. Die Tortillas lassen sich auch mit dem Nudelholz auf einem Holzbrett ausrollen, bis sie so dünn sind wie ein Crèpe. Das Wachspapier von einer Seite abziehen und die Tortillas in eine heiße gußeiserne Pfanne oder auf ein heißes Grillblech legen. Ziehen Sie dann erst das andere Wachspapier ab. Je eine Tortilla braten, bis sich die Ränder wellen und sie leicht braun geworden ist. Vorsichtig wenden und die andere Seite garen bis sie goldgelb ist. Lassen Sie die Tortilla nicht zulange braten, sonst wird sie trocken. Die Tortillas dann in Alufolie wickeln und im Ofen warm halten, bis Sie sie verwenden wollen.

250 g Masa Harina
250 bis 350 ml warmes Wasser
1 TL Salz

Geschnetzeltes mit Mango Salsa
Carnitas

In mexikanischen Restaurants bedeutet Carnitas oft lange geschmortes und geschnetzeltes Schweinefleisch, obwohl das Wort tatsächlich einfach nur Fleisch bedeutet. Carnitas (oft auch Rindfleisch oder Huhn) wird zur Füllung von Tacos und Enchiladas oder auf Tostadas und Nachos verwendet. Es kann auch zu Bohnen und Reis gereicht werden, mit Tortillas als Beilage. Diese klassische Version paßt sehr gut zu Mango Salsa.

Das Fleisch in einer Kasserolle mit 2 EL Öl anbraten bis es von allen Seiten gut braun ist, aus dem Topf nehmen und das Öl und Fett abgießen. Braten mit Salz und Pfeffer einstreuen und in den Topf zurückgeben. Die restlichen Zutaten in einer großen Schüssel zusammenrühren, über den Braten gießen und auf dem Herd kurz aufkochen lassen. Den Deckel darauf oder mit Alufolie abdecken und in den auf 180 °C vorgeheizten Ofen schieben. Ungefähr 2 Stunden schmoren, nach der ersten Stunde sollte der Braten gewendet werden. Den Braten aus dem Topf nehmen und vorsichtig alles Fett entfernen. Das Fleisch in kleinen Stücken oder Streifen abtrennen. Die Flüssigkeit abkühlen lassen und alles sich ansammelnde Fett von der Oberfläche abschöpfen. Die Flüssigkeit dann durch ein Sieb gießen, Kräuter, Gewürze und Gemüse entfernen, geschnetzeltes Fleisch in die Sauce geben und auf niedriger Flamme erhitzen.

1½ kg Schweinebraten
2 EL Öl
Saft von 2 großen Orangen
2 TL Koriandersamen
2 TL Oregano
2 TL Cumin (ganz)
1 grüne Chilischote, Serrano oder
Jalapeño, entkernt und fein gehackt
4 ganze Knoblauchzehen
625 ml Bier
1 Bund Schnittlauch, grob gehackt

Mango Salsa

*2 Mangos, geschält, entkernt und
gewürfelt
ein ca. 5 cm großes Stück frischer Ingwer,
geschält
1 TL frischer Limonensaft
½ TL Chilipulver*

Verwenden Sie reife, saftige Mangos, die allerdings noch fest genug zum Schneiden sein sollten. Das in Würfel geschnittene Fruchtfleisch in eine kleine Schüssel geben und den Saft der Ingwerknolle mit einer Knoblauchpresse daraufträufeln. Sie sollten bis zu 2 TL Ingwersaft zu den Mangos geben. Wenn Sie keine Knoblauchpresse haben, pressen Sie den Ingwer zwischen zwei breiten Küchenmessern, um ihn weicher zu machen, dann können Sie den Saft auch mit den Fingern herauspressen. Limonensaft und Chilipulver hinzugeben und gut verrühren.

Mango Salsa läßt sich auch durch Zugabe einer anderen pikanten Salsa würzen. Im übrigen können Sie Salsa auch mit anderem Obst zubereiten, z. B. mit Ananas, Himbeeren oder Erdbeeren.

Pinto-Bohnenmus
Refried Beans

Refried Beans werden viel und oft in der mexikanischen Küche gereicht. Es ist ein Bohnenmus, ähnlich wie Erbsenpüree oder Kartoffelbrei und wird aus Pinto-Bohnen gemacht. Refried Beans werden auf Tortillas gestrichen, mit Ei und Salsa belegt für Huevos Rancheros (mexikanische Eier nach Rancher-Art), oder werden für die gesundheitsbewußte Ernährung mit Salat belegt für eine Tostada. Refried Beans statt ganzer Bohnen kommen in einen Burrito oder werden als Beilage gereicht. Traditionell werden Refried Beans mit Schmalz zubereitet (die meisten Refried Beans aus der Dose sind übrigens auch mit Schmalz oder billigem Fett gemacht), darum ist es besser, sie selber zu herzustellen. Für cremigere Refried Beans geben Sie unserem Rezept noch Butter oder Olivenöl bei. Übrigens schmecken Refried Beans aus schwarzen Bohnen auch sehr gut.
Pinto Beans können Sie in Deutschland in türkischen Lebensmittelläden kaufen (dort heißen sie oft Barbunya) oder in anderen Spezialitätenläden als Wachtelbohnen finden.

*500 g Pinto Bohnen, gekocht,
Kochflüssigkeit aufbewahren
4 Lorbeerblätter
1 EL Öl
1 mittelgroße braune Zwiebel,
fein gehackt
1 Jalapeño Chili, fein gehackt
½ TL Cumin
50–60 g Käse, dünn geschnitten
oder klein gewürfelt
Salz und Pfeffer
Cilantro*

Getrocknete Bohnen sortieren, eventuell vorhandene Steine entfernen, in einer Schüssel oder Topf mit kaltem Wasser bedeckt über Nacht einweichen. Wasser abgießen und neu aufgießen (ca. 3–5 cm über den Bohnen). 4 Lorbeerblätter hinzugeben und aufkochen lassen, dann Flamme klein stellen und 1½ bis 2 Stunden leicht kochen. 1 EL Öl in eine tiefe Pfanne oder Wok-Pfanne geben und erhitzen. Zwiebeln, Chilis und Cumin hinzugeben und leicht anbraten, bis die Zwiebeln goldgelb sind. Die abgetropften Bohnen hinzugeben und bei kleiner Flamme kochen, während Sie die Bohnen mit einem Kartoffelstampfer zerkleinern. Dann etwas Kochflüssigkeit hinzugeben, gut umrühren, bis eine gut vermischte Masse entsteht. Bei kleinster Flamme den Käse auf die Bohnen geben und den Deckel darauf. Wenn der Käse geschmolzen ist, mit Cilantro garnieren und servieren.

Tacos

Dieses traditionelle Rezept ergibt einen Taco, wie er sich beim Tacostand oder in einem guten Restaurant finden läßt.

Die Tomaten kleinschneiden und mit gehackter Zwiebel, ¼ Bund frisch gehackten Cilantroblättern und fein gehackten Chilischoten in eine kleine Schale geben. Den Saft einer halben Zitrone oder Limone auf die Mischung träufeln. Gut umrühren und mit Salz und Pfeffer abschmecken.

Die Tortillas auf einem ungefetteten Grill oder in einer schweren, gußeisernen Pfanne erhitzen bis sie leicht knusprig geworden sind, aber nicht ganz trocken, da sie sonst beim Falten zerbrechen würden. In einem Küchenhandtuch warmhalten. Etwa 2 EL vom Fleisch in die Mitte der Tortilla und einen gehäuften Löffel der Salsa obendrauf geben. Die Tortilla falten und auf den Teller legen.
Mit geraspeltem Käse, gehackten Oliven, grünem Salat, Guacamole (siehe Seite 24) und saurer Sahne garnieren.

12 Maistortillas
gekochtes oder gegrilltes Fleisch,
geschnetzelt (Carnitas, Gehacktes, Steak,
Chili Verde oder Huhn)

Salsa:
3 Tomaten
½ braune Zwiebel
½ Bund frischer Cilantro
2 Jalapeños oder andere kleine grüne
Chilischoten
1 Zitrone oder Limone

Burrito

besteht aus einer großen Weizentortilla, in die Fleisch, Bohnen, Salat, Salsa, Guacamole (siehe Seite 24), Zwiebeln, Käse und wahlweise eine Portion saure Sahne eingewickelt wird. Für vegetarische Burritos geben Sie Reis anstelle von Fleisch hinzu. Häufen Sie alle Zutaten längs in die Mitte der aufgewärmten Tortilla, klappen eine Breitseite der Tortilla auf die Füllung, falten dann beide Endseiten um, rollen den Burrito auf und legen ihn mit der Nahtseite nach unten auf den Teller.

Ein Burrito sollte aus der Hand gegessen werden und wird zu diesem Zweck für den Straßenverkauf in eine Serviette oder etwas Papier gewickelt. Den Burrito aus der Hand zu essen bedarf eventuell etwas Übung, da Burritos großzügig gefüllt und somit etwa 5 bis 7 cm dick sind.

Die Burrito-Frage:
Megan (7 Jahre alt): Ich möchte Burrito zum Lunch essen.
Besuch aus Europa: Wie macht man einen Burrito?
Megan: Häh? Hast du denn noch *nie* einen Burrito gemacht?
Besuch aus Europa: Wir essen normalerweise keine Burritos in Europa, jedenfalls nicht so oft wie ihr in Kalifornien.
Megan: Was? Ihr kennt keine Burritos? Ihr Ärmsten, was eßt ihr denn sonst?

Enchiladas

Diese traditionellen Enchiladas lassen sich leicht aus Braten- oder Grillresten zubereiten. Die Sauce ist etwas zeitaufwendig, aber es lohnt sich. Sollten Sie Enchiladasauce aus der Dose kaufen können, ist das ein brauchbarer Ersatz für den, der sich die Mühe mit der Sauce sparen will.

500 ml Red Chili Sauce
(siehe Rezept auf Seite 24)
12 Maistortillas
250 g gekochtes oder gegrilltes Fleisch,
z. B. Carnitas, Brathuhn oder festes
Fischfleisch
1 Bund Frühlingszwiebeln, gehackt
500 g geriebener Käse, z. B. Monterey
Jack, Münster, alter Cheddar oder
eine gute Mischung aus verschiedenen
Käsesorten
1 Bund Cilantro, fein gehackt
leichtes Salat- oder Bratöl

Red Chili Sauce in einer Pfanne oder Topf erhitzen. Den Boden einer kleinen Pfanne (gleiche Größe wie die Tortilla) mit Öl bedecken und erhitzen, bis das Öl heiß ist, es sollte nicht qualmen. Jede Tortilla mit einer Zange kurz, etwa 3 Sekunden, im heißen Öl wenden, bis sie von beiden Seiten fest aber nicht kross ist. Lassen Sie die gekochte Tortilla über der Pfanne gut abtropfen. Wenden Sie die Tortilla dann kurz in der heißen Chilisauce. Den Boden einer 32 x 22 cm großen Backform mit Chilisauce bestreichen, die Tortilla hineinlegen und kleingeschnittenes Fleisch in die Mitte der Tortilla geben, dann mit Käse, Frühlingszwiebeln und gehacktem Cilantro belegen. Falten Sie beide Seiten der Tortilla übereinander, um das Fleisch und den Käse zu bedecken, und wenden Sie die Tortilla, so daß die Naht der Falte unten liegt. Füllen Sie die Form mit den verbleibenden Tortillas, die Sie wie oben zubereitet haben, und achten Sie darauf, sie eng aneinander zu legen, damit sie beim Backen ihre Form behalten. Die verbleibende Chilisauce auf die Enchiladas gießen. Mit geriebenem Käse bestreuen und ca. 30 Minuten, oder bis der Käse geschmolzen ist und Blasen wirft, bei 175 °C im Ofen backen. Mit saurer Sahne und frischem Cilantro garnieren und sofort servieren.

Tostados

4 Maistortillas
Refried Beans oder Black Bean Chili
3 grüne Salatblätter
225 g geschnetzeltes Huhn, gebraten
Guacamole oder 1 gewürfelte Avocado
1–2 Tomaten, gewürfelt oder grob
geschnitten
50–100 g Käse, gerieben
saure Sahne, rote Salsa
Oliven, zerschnitten
2 Frühlingszwiebeln
Pflanzenöl

4 EL Pflanzenöl in einer Wok-Pfanne erhitzen, das Öl sollte nicht qualmen. Tortillas mit einer Zange auf jeder Seite kurz im Öl anbraten bis sie kross sind und auf Küchenpapier abtropfen lassen. Auf den Teller legen und 1 EL Bohnen oder Chili auf der Tortilla verstreichen. Eine Handvoll fein geschnittenen grünen Salat oder eine Salatmischung daraufgeben. Mit Streifen von gegrilltem Huhn sowie mit Avocado, Tomaten, geriebenem Käse, etwas saurer Sahne, roter Salsa, Oliven und Frühlingszwiebeln garnieren.

Jacarandabäume in Blüte, Long Beach

Huhn in würziger Schokoladensauce
Chicken Mole

Die mexikanische Küche ist beileibe nicht auf Tacos und Burritos limitiert. Was darum auf keinen Fall ausgelassen werden sollte, ist die kreative Kunst mit Schokolade zu kochen: *Chicken Mole* (sprich: M<u>o</u>lee).

Für Mole (Sauce):
500 g Tomaten
1 mittelgroße Zwiebel, geviertelt
2 Knoblauchzehen
50 g ungesüßte Schokolade
(Blockschokolade)
2 Maistortillas, in Stücke gerissen
120 g geschälte Mandeln
85 g Rosinen
1 EL Chilipulver
1 kleine Jalapeño Chili, entkernt
und fein gehackt
1 TL gemahlener Koriander und Cumin
½ TL gemahlene Nelken
¼ TL ganze Anissamen
2 TL Zimt
2 EL Sesamkörner
1 EL Pflanzenöl

Fürs Huhn:
1 Huhn (geviertelt)
1 Karotte
1 Stange Staudensellerie
1 mittelgroße Zwiebel, geviertelt
2 Knoblauchzehen

Die Mole-Zutaten in eine Küchenmaschine geben und mischen, bis alles gebunden ist. 1 EL Pflanzenöl in einer Kasserolle oder tiefen Auflaufform erhitzen. Die Mole hineingießen und ca. 15 Minuten auf kleiner Flamme kochen.

Das Huhn inzwischen in einem separaten Topf mit 750 ml Wasser, der Karotte, Sellerie, Zwiebel und Knoblauchzehen garen, bis das Huhn fast durch ist. Die Kochflüssigkeit abgießen, ¼ Liter aufbewahren, das Gemüse entfernen. Den ¼ Liter unter die Mole rühren, die Hühnerstücke in die Mole geben und wenden, so daß sie gut mit Sauce bedeckt sind. Entweder auf dem Herd oder im Ofen ca. 20 Minuten auf kleiner Flamme garen oder schmoren, bis das Huhn gar ist. Auf weißem oder braunem Reis servieren, dazu frisches Gemüse oder grünen Salat reichen.

Das Huhn kann auch gleich in Mole im Ofen geschmort werden. Die Mole ab und zu über das Huhn gießen, damit es nicht austrocknet. Wird das Gericht ganz im Ofen zubereitet, wird die Mole zähflüssiger, geschmacksintensiver und das Huhn leicht knusprig. In diesem Fall kann die Kochflüssigkeit natürlich durch Gemüse- oder Hühnerbrühe ersetzt werden.

Huhn in Kürbiskernsauce
Pumpkin Seed Mole

Verwenden Sie diese Sauce für Huhn, Truthahn, Ente oder Fisch. Falls Sie keine Tomatillos zur Hand haben, können Sie auch Tomaten verwenden, die allerdings im Ofen oder Grill geröstet werden sollten, bis sie schwarz verbrannt sind. Tomaten dann pellen und wie angegeben verwenden.

Den Ofen auf 150 °C vorheizen und die Chilis auf einem Backblech ca. 3 Minuten rösten, bis sie aufgegangen sind. Abkühlen lassen, dann Stengel und Kerne entfernen und mit 250 ml kochend heißem Wasser begießen. 5 Minuten einweichen lassen und dann das Wasser abgießen. Ofen auf 175 °C stellen, Kürbiskerne auf das Blech geben und 5 Minuten erhitzen. Die Kürbiskerne nach kurzem Abkühlen schälen (die äußere Schale ist weiß und die inneren grünen Kerne werden zum Kochen verwendet). Ofen auf 260 °C stellen und die enthäuteten und gewaschenen Tomatillos hineinlegen und ca. 5 Minuten rösten, bis sie leicht weich geworden sind. Tomatillos und Masa Harina in eine Küchenmaschine geben und zu einer Paste verarbeiten. Restliche Zutaten hinzugeben und zu einer Sauce verrühren, die Sie dann in einer Pfanne unter ständigem Rühren erhitzen sollten. Heiße Sauce über gegrilltem oder geröstetem Fleisch oder Fisch servieren.

4 getrocknete Chilis (Anchos oder Negros)
100 g Kürbiskerne
200 g Tomatillos (siehe Seite 30)
4 EL Masa Harina (siehe Seite 26)
250 ml Hühnerbrühe
1 TL gemahlener Cumin
1 Jalapeño Chili
½ Bund frischer Cilantro

Tortillas aus Weizenmehl
Flour Tortillas

Die trockenen Zutaten in einer großen Schüssel gut vermischen. Öl unterrühren und genug Wasser hinzufügen, bis der Teig geschmeidig wird.
Teig auf eine mit Mehl bestreute Arbeitsfläche geben und kneten. Teig in 12 Stücke teilen und mit den Handflächen zu Bällen rollen, die Sie dann mit dem Nudelholz zu Kreisen von etwa 25 cm Durchmesser ausrollen. Alle 12 Tortillas auf einmal ausrollen und dann mit Plastikfolie zwischen jeder Tortilla stapeln. Eine große Pfanne oder ein Grillblech erhitzen, bis Wassertropfen abspringen. Jede Tortilla 2 Minuten von der ersten Seite und 1 Minute von der zweiten garen und wieder aufeinanderstapeln, damit die Tortillas warm und weich bleiben. Tortillas können eingewickelt bis zu 5 Tage im Kühlschrank oder 6 Wochen im Gefrierschrank oder -fach aufbewahrt werden. Zum Erhitzen sollten sie in Folie eingewickelt bei 150 °C im Ofen gebacken werden, oder wenige Sekunden (schnell wenden) auf kleiner offener Gasflamme liegen, bis sie weich und heiß sind.

250 g ungebleichtes oder feines Weizenmehl
2 TL Backpulver
1 TL Salz
1 EL Pflanzenöl
180–250 ml warmes Wasser

Asiatische Einflüsse

Als der Gold Rush auch die ersten Chinesen nach Kalifornien brachte, brach unter den hauptsächlich weißen Goldsuchern heftiger Widerstand aus. Seinen potentiellen Gewinn wollte man beileibe nicht mit diesen „Fremdlingen" teilen – fremdenfreundlich war man im Wilden Westen wie anderswo zu der Zeit nicht. Das sollte einige wenige Chinesen nicht davon abhalten, auf eigene Faust auf Goldsuche zu gehen. Die meisten fristeten allerdings ein unerfreulicheres Dasein, denn sie wurden zu regelrechter Sklavenarbeit für die Eisenbahnschienenlegung gezwungen. Das Schicksal der nach Kalifornien eingewanderten Chinesen Mitte bis Ende des 19. Jahrhunderts verbesserte sich zunächst nicht: Viele blutige Auseinandersetzungen zwischen Weißen und den Einwanderern aus Asien folgten, und am Ende erließ der Staat 1882 einen Einwanderungsstop für Chinesen. Drangsaliert und in ghettoähnlichen Umständen lebend behaupteten sich die Chinesen in San Francisco, ihrer ersten Station nach der langen Schiffsreise über den Pazifik, und trugen stark zum Wachstum der Stadt bei, die zwischen den Jahren 1847 bis 1872 von ein paar hundert Pionieren zu einer der 10 größten Städte der USA wuchs. Heute hat San Francisco die größte Konzentration von Einwohnern chinesischer Abstammung in Nordamerika und ist berühmt für sein Chinatown.

Andere Einwanderer aus Asien kamen hinzu, darunter Japaner, Thai, Filipino, Koreaner und Vietnamesen, die Little Saigon, Little Tokyo, Chinatown und Koreatown gründeten. Koreatown in Los Angeles beherbergt die größte Gemeinschaft Koreaner außerhalb Koreas. Sie haben ihre eigene Fernsehstation, mehrere Radiostationen, betreiben eine Vielzahl unterschiedlichster Geschäftsunternehmen und haben sich fest im gesellschaftlich-politischen wie auch im religiösen Stadtbild der Metropole etabliert.

Die Integrierung von Immigranten in die amerikanische Gesellschaft ist je nach kultureller Herkunft unterschiedlich. Filipinos bilden in Kalifornien eine prozentual mindestens so große Bevölkerungsschicht wie die Chinesen, sind aber weit stärker integriert, was eine Bildung von Interessengemeinschaften so gut wie ausschließt.

Blumenfarm bei Ojai, Ventura County

Gleichermaßen sind Einwandererschicksale unterschiedlich. Während die heutige Problematik im Vergleich zu der des 19. Jahrhunderts in Kalifornien eher freundlich anmutet, haben einige Kulturgruppen aus Asien durchaus mehr durchmachen müssen als andere. In den USA ansässigen Japanern wurde 1913 sämtlicher Landbesitz (vor allem für Agrarzwecke) untersagt. Während des 2. Weltkrieges wurden Japaner in Barackenstädten im Hinterland Kaliforniens und anderen Staaten der Westküste und Rocky Mountains zwangsinterniert.

Trotz dieser bewegten Geschichte ist Kalifornien unabänderlich mit seinen pazifischen Nachbarn verwachsen. Die Verständigung und Zusammenarbeit der pazifischen Anrainerstaaten ist heute von globaler Bedeutung. Letztendlich wäre *California Cuisine* ohne den kulinarisch-kulturellen Einfluß aus Asien nicht möglich.

Die asiatische Küche basiert zum größten Teil auf frischen Zutaten, und die Chinesen sind dafür bekannt, mit sehr kritischem Auge einzukaufen. Chinatown ist ein weitläufiges, viel besuchtes Stadtviertel, in San Francisco wie auch in Los Angeles, wo Einheimische und Touristen gerne einkaufen und essen gehen.

Thai Spezialitäten wie *Satay* und *Spicy Peanut Dip* oder *Sauce* werden auf vielen Parties oder beim Barbecue angeboten. *Sushi* wird in jedem besseren Supermarkt verkauft und ist ein populäres Gericht als Lunch oder an der Bar. *Teriyaki Beef* oder *Chicken* finden sich auf jedem umfassenden Menü wieder, und *Chinese Stir-Fry* wurde in der kalifornischen Küche gleich zur neuen gesunden Kochkunst erklärt. Sushi wurde so populär, daß Kalifornier ihre eigene Variante entwarfen: die *California Roll* (dünne Streifen grüne Gurke mit etwas Shrimp oder Krebsfleisch und Avocado in getrocknetem Seetang einwickeln, den Reis darum und in Sesamkörnern wenden).

Stir-Fry Zubereitung: Wer keinen Wok hat, sollte zumindest ein *Skillet* (Kasserolle) oder eine Wok-Pfanne erwerben. Dies ist eine große, tiefe Pfanne mit hoch ausschwingendem Rand, der die Hitze beim Kochen gut verteilt und nicht wie bei gewöhnlichen flachen Bratpfannen einfach nach oben abgibt (darum kann die Speise oft von außen verbrennen, ohne innen richtig zu garen).

Das Beste an der Form der Wok-Pfanne ist, daß man kaum Fett oder Kochflüssigkeit benötigt. Die Zutaten werden schnell und gleichmäßig gegart, ohne daß die eigene Feuchtigkeit verloren geht. Fleisch bleibt saftig und Gemüse knackig. Am wichtigsten ist hierbei, daß der Eigengeschmack so wunderbar erhalten bleibt und nicht in die Kochflüssigkeit entweicht. Schnell zubereitetes, gesundes, schmackhaftes Essen war noch nie so leicht wie mit dem Wok. Wer einmal auf den Geschmack gekommen ist, wird kaum zur konventionellen Bratpfanne zurückkehren.

Sehen Sie hierzu auch die California Pasta-Gerichte, in denen fast ausschließlich eine Wok-Pfanne verwendet wird.

Kung Pao-Huhn
Kung Pao Chicken

Das Eiweiß mit einer Gabel leicht schaumig rühren. Gewürfeltes Hühnerfleisch hinzugeben und wenden, bis alle Fleischwürfel bedeckt sind. Öl im Wok oder Wokpfanne erhitzen. Huhn, Zwiebel, Bambussprossen und Chilis hinzugeben. Ca. 5 Minuten Stir-Fry kochen bis die Hühnerfleischwürfel fast gar sind. Erdnüsse hinzugeben und weitere 2 Minuten kochen. In der Zwischenzeit Maizena, Knoblauch, Ingwer, Zucker, Sojasauce und Reisweinessig verrühren, bis Maizena aufgelöst ist. Unter das Huhn rühren, Frühlingszwiebeln hinzugeben und gut verrühren. Sofort auf Reis servieren. Wenn Sie ganze, getrocknete rote Chilischoten verwenden, Schoten vor dem Verzehr entfernen, da sie sehr scharf sind und nur als Gewürz verwendet werden.

2 große Hühnchenbrustfleischstücke,
ohne Knochen, in Würfel geschnitten
oder 4 kleine Bruststücke (ohne Knochen)
1 Eiweiß
4 EL Öl
½ braune Zwiebel, fein geschnitten
125 g Bambussprossen
4 ganze getrocknete rote Chilischoten
oder
1 Jalapeños Chili, entkernt und zerhackt
125 g geröstete Erdnüsse
2 TL Maizena
2 Knoblauchzehen, gepreßt
2 TL Ingwer, fein gepreßt
1 TL Zucker
2 EL Sojasauce
2 EL Reisweinessig oder trockener Sherry
2 Frühlingszwiebeln, in Scheiben
geschnitten

Chinatown, San Francisco

Kokoshuhn mit Shrimps
Coconut Chicken and Shrimp

500 g Hühnchenbrustfleisch, ohne
Knochen und in dünne Streifen geschnitten
500 g große Shrimps oder Garnelen,
ohne Schale und gesäubert
4 getrocknete rote Chilischoten
4 Knoblauchzehen, gehackt
2 EL frischer Ingwer, gewürfelt
6 Frühlingszwiebeln, gehackt
2 TL gemahlene Turmeric
1 EL gemahlener Koriander
2 EL Pflanzenöl
250 ml Hühnerbrühe
125 g Reis- oder Glasnudeln
250 g Tofu, gewürfelt
250 g Sojasprossen, gewaschen und gut
abtropfen lassen
250 ml Kokosmilch (evtl. 1 Dose)

Getrocknete Chilischoten mit heißem Wasser aufgießen und ca. 5 Minuten ziehen lassen, dann Wasser abgießen. Die Chilis längs aufschneiden und entkernen und mit Knoblauch, Ingwer, Frühlingszwiebeln (einen Teil für die Dekoration zurückbehalten), Turmeric und Koriander in einen Mixer geben. Einige TL Wasser hinzugeben, wenn die Mischung zu dick ist. Die Mischung zu einer dicken Paste verrühren. Öl in einer Wok-Pfanne erhitzen und die Gewürzmischung hinzugeben und 2 Minuten lang unter ständigem Rühren kochen. Dann das Huhn hinzufügen, gut untermischen und 2 Minuten weiterrühren. Die Hühnerbrühe daraufgießen und ungefähr 20 Minuten leicht kochen lassen. Die gepellten Shrimps hinzugeben und etwa 5 Minuten kochen, bis sie rosa geworden sind.
Bereiten Sie in der Zwischenzeit die Nudeln vor: Nudeln in einen Topf geben und mit kochendem Wasser aufgießen, ca. 4 Minuten ziehen lassen bis sie weich sind. Abgießen, Nudeln mit heißem Wasser abspülen oder entsprechend der Packungsanleitung zubereiten. Tofu, Sojasprossen und Nudeln zum Huhn und Shrimps geben, die Kokosmilch dazugeben und gut verrühren. Noch 10 Minuten ziehen lassen, bis das Huhn gar ist. Abschmecken und notfalls nachsalzen. In Schüsseln servieren und mit Frühlingszwiebeln dekorieren.

Teriyaki-Huhn
Teriyaki Chicken

4 große Hühnchenbrustfleischstücke,
ohne Knochen
4 Frühlingszwiebeln, fein gehackt
3 Knoblauchzehen, fein gehackt
1 Jalapeño Chili, entkernt und fein
gehackt
2 EL frischer Ingwer, gepreßt
70 ml Sojasauce
70 ml Reisweinessig oder Sake
4 EL brauner Zucker
2 EL Sesamöl

Alle Zutaten (außer Fleisch) in eine Schüssel geben und mit einem Schneebesen verrühren. Die Hühnchenstücke nebeneinander in eine Glasbackform legen. Die Marinade über das Huhn geben, bis das Fleisch gut bedeckt ist. 2 bis 4 Stunden marinieren. Huhn aus der Marinade nehmen und in einem auf 180 °C vorgeheizten Ofen ca. 30 Minuten braten. Sie können Huhn auch auf einem Holzkohlengrill rösten (ca. 10 Minuten jede Seite). Mit Reis und frischem Gurkensalat servieren.

Rindfleischspieße in Erdnuß-Chili-Sauce
Beef Satay with Peanut Sauce

Die Zutaten für die Peanut Sauce in einen kleinen Topf geben und ca. 10 Minuten auf kleiner Flamme kochen, bis es leicht andickt. Gelegentlich umrühren. Vor Verzehr abkühlen lassen.

Die Zutaten für die Marinade im Mixer gut verrühren. Das Steakfleisch in einer Glasschale 1 Stunde marinieren. Grill vorheizen. Jeweils 2 Streifen Steak pro Spieß 3 bis 4 Minuten pro Seite grillen. Satay mit Peanut Sauce als Dip servieren. Statt der Bambusspieße können auch Holz- oder Grillspieße verwendet werden.

250 g bestes Steakfleisch,
in 20 dünne Streifen geschnitten
10–20 cm Bambusspieße, die 30 Minuten
im Wasser eingeweicht werden sollten

Peanut Sauce:
250 ml Kokosmilch, aus der Dose
1 EL Sojasauce
2 TL Currypulver
1 TL gemahlener Koriander
180 g gesalzene Erdnüsse,
im Mixer fein gemahlen
1 TL frischer Limonensaft
¼ TL Chilipulver

Marinade für das Rindfleisch:
65 ml frischer Limonensaft
4 TL Sojasauce
3 Knoblauchzehen, geviertelt
2 EL frischer Ingwer, in Scheiben
geschnitten
1 TL brauner Zucker oder Honig
¼ TL geschrotete rote Chilis
2 EL Pflanzenöl

Teigtaschen mit Shrimpfüllung
Shrimp Pot Stickers

12 Shiitake-Pilze (siehe Seite 28),
getrocknet
500 g Bok Choy (siehe Seite 20) oder
Weißkohl
2 EL Pflanzenöl
1 EL Sesamöl
1 TL Chiliöl (wahlweise)
2 Frühlingszwiebeln, fein gehackt
1 kleine Dose Wasserkastanien, gehackt
125 g kleine gekochte Shrimps, grob
gehackt
2 EL frischer Ingwer, fein gepreßt
3 Knoblauchzehen, gepreßt
2 TL Maizena
3 EL Sojasauce
4 TL Reisweinessig
1 kleine Packung fertig ausgestanzte
Won Ton oder Dim Sum Teigtaschen
(ca. 40 pro Packung)
1 EL Senfpulver:
mit 1 EL kaltem Wasser verrühren (mind.
10 Minuten vor Verzehr zubereiten)

Shiitake-Pilze ca. 20 Minuten in heißem Wasser einweichen. Abgießen und weitere Flüssigkeit aus den Pilzen drücken. Stengel abschneiden, wegtun und die Pilze klein schneiden. Das untere Ende des Bok Choy abschneiden und Blätter mit Stengel in dünne Streifen schneiden. Die Öle im Wok oder ähnlich tiefer großer Pfanne erhitzen. Gemüse ca. 3 Minuten stir-fry anbraten. Shrimps, Wasserkastanien, Ingwer und Knoblauch hinzu und ca. 2 Minuten kochen. In einer kleinen Schüssel Maizena mit etwas Sojasauce und Reisweinessig verrühren, bis Maizena aufgelöst ist. Zu der Shrimp-Gemüsemischung geben und unterrühren, bis alles leicht angedickt ist. Vom Feuer nehmen und abkühlen lassen.
Zum Füllen legen Sie die Teigtaschen auf eine flache Arbeitsfläche. Jeweils einen Teelöffel Füllung auf die Teigscheibe oder -viereck geben und mit der mit Wasser befeuchteten Fingerspitze einmal ganz am Rand der Teigtasche entlangfahren. Die Teigtasche zum Dreieck falten und die Ränder zusammenpressen. Achten Sie darauf, daß alle Potsticker komplett geschlossen sind.

Jeweils die Hälfte der Potsticker in 1 TL Pflanzenöl und 1 TL Sesamöl in einer Wok-Pfanne oder großen Bratpfanne braten. Wenn das Öl heiß ist, legen Sie die Hälfte der Potsticker nebeneinander in die Pfanne. Ca. 3 Minuten braten, bis sie von unten knusprig sind (daher pot-stickers). Dann etwas Wasser hinzugeben, so daß der Boden der Pfanne mit ca. ½ cm Wasser bedeckt ist und mit einem Deckel schließen. In diesem Dampfbad ca. 5 Minuten schmoren bis die Stickers glasig aussehen. Potstickers aus der Pfanne nehmen und warm halten. Pfanne auswischen, neu Öl hineingeben und die andere Hälfte auf gleiche Weise braten. Warm mit Dips servieren.
Verwenden Sie für die Dips drei kleine tiefe Schalen. Geben Sie Reisweinessig in eine, Chiliöl in die zweite, und mischen Sie in der dritten etwas Sojasauce mit scharfem Senfpulver. Sie können das Senfpulver auch in Wasser auflösen, zu einer dickflüssigen Paste verrühren und mit Sojasauce verdünnen.

Kalifornisches Sushi
California Roll

Für Sushi immer japanischen Reis verwenden, der besser klebt als der normale Lang-kornreis. Wer keinen japanischen Reis findet, kann es auch mit normalem, lang gekoch-tem Reis versuchen – aber bloß nicht mit der Sorte, die verspricht „nie" zu kleben – sie tut es wirklich nicht.

Reis kochen bis er gut klebt und abkühlen lassen. Sesamkörner in einer kleinen Pfanne rösten, bis sie nur leicht goldgelb sind. Sushi läßt sich am besten mit einer Bambusmatte rollen. Sesamkörner auf der Matte verteilen. Pressen Sie den Reis gleichmäßig zu einem ca. 5 mm dicken Rechteck auf der Matte und decken Sie ihn dann mit eingeweichten und abgetropften Seetangblättern ab. Krebsfleisch, Avocado- und Gurkenstreifen in der Mitte über die ganze Breite ausbreiten und Sushirolle mit Hilfe der Bambusmatte aufrollen. Die zusammengestellte Sushirolle eventuell nochmal in Sesamkörnern rollen und dann ungeschnitten eine Stunde im Kühlschrank stehen lassen.

Wasabi (falls Pulver) zu einer dicken Paste anrühren. Etwa 3 bis 5 cm breite Sushi aus der Rolle schneiden und mit einem Klecks Wasabi und einigen eingelegten Ingwerscheiben zu jeder Seite auf den Teller stellen, Schnittseiten nach oben.

Oben angegebene Mengen ergeben je nach Größe der Matte und entstehenden Sushi-rollen bis zu 4 Rollen.

200 g japanischer oder Kurzkornreis
knapp 500 ml Wasser
1 TL Salz
30 g Sesamkörner
1 Päckchen getrockneter Seetang
(in großen, papierähnlichen Blättern)
100 g frisch gepelltes, gekochtes
Krebsfleisch (falls aus der Dose,
besonders gut abtropfen lassen)
1 Avocado, geschält und
in dünne Streifen geschnitten
1 Salatgurke, geschält und der Länge
nach in feine Streifen geschnitten
Wasabi
eingelegte Ingwerscheiben

Sushi mit Lachs und Philadelphia-Käse
Philadelphia Roll

Hier eine Alternative zur California Roll. Grundsätzlich läßt sich Sushi auch für Vegeta-rier attraktiv füllen, z. B. mit gekochten, gekühlten Spargelspitzen, gehackten Oliven oder Karottenstreifen.

Rollen Sie die Sushirolle genau wie oben auf, allerdings ist das Seetangblatt hier, wie auch bei herkömmlichem japanischem Sushi, außen. Darauf wird der Reis ausgestrichen und dann Zwiebeln und Lachs in der Mitte auf der vollen Breite verteilt. Ergibt bis zu 4 Rollen, aus denen Sie dann mehrere 3–5 cm breite Sushistücke schneiden. Mit Wasabi und Ingwer servieren.

Sushi-Zutaten wie oben
100 g gebackener oder
gedünsteter Lachs
4 Frühlingszwiebeln, der Länge nach
in dünne Streifen geschnitten
120 g Phildelphia, auf Zimmertemperatur

Meeresfrüchte, Fischfang und die Häfen der kalifornischen Küste

San Franciscos Bucht ist ein idealer natürlicher Hafen, dessen Einfahrt, ewig und immer durch charakteristischen Nebel verschleiert, spanischen wie portugiesischen Seefahrern und selbst Sir Francis Drake lange verborgen blieb, und schließlich erst 1769 von Portola auf einer Inlandexpedition entdeckt wurde. Heute sprechen unzählige Landungsdocks, die von Fisherman's Wharf den Embarcadero entlang die Bucht säumen, von der bewegten Hafen-, Seefracht- und Fischereigeschichte der Stadt.

San Francisco war Ende des 19. Jahrhunderts die bedeutendste Stadt Kaliforniens, denn über die Hälfte der Bevölkerung des Staates lebte dort (heute sind es nur noch 5 %). Der Hafen war Umschlagplatz nicht nur für Obst und Gemüse, das aus dem San Joaquin Tal auf Kähnen über den Sacramento River geliefert wurde, sondern hier gingen auch Lieferungen von und nach Asien, Südamerika und Europa ein und aus. Die nahrungsmittel-verarbeitende Industrie war in der *Cannery* ansässig und auch Kaffeebohnen aus Brasilien und Zuckerrohr aus Hawaii wurden in San Francisco an Land gebracht und weiterverarbeitet.

San Francisco erging es zu jener Blütezeit ähnlich wie anderen Hafenstädten der Welt, es wurde bald als *das* Sündenbabel am Pazifik bekannt. Der Begriff „Shanghai'ing" entstammt jener Zeit, als unwillige Matrosen mit gedoptem Whiskey bewußtlos gemacht und auf Frachtschiffe mit Ziel Shanghai verschleppt wurden. Als 1906 das große Erdbeben und der daraus folgende Großbrand die Stadt weitgehendst zerstörte, sahen viele dies als ein Zeichen von oben, das der Kriminalität und Prostitution ein abruptes Ende setzte. Heute wird die verbleibende Frachtschiffahrt in Oakland in der East Bay abgewickelt. San Franciscos Fisherman's Wharf und Pier 39 sind seither ausschließlich Touristenattraktionen mit schönen Restaurants, Andenkenläden, Straßenentertainern und Ulk-Museen. In den vielen Piers haben Geschäfte und Handelsniederlassungen ihre Büros aufgemacht.

Von San Diego, dem zweiten natürlichen Hafen des Staates, liefen viele Fischerboote auf Thunfischfang aus. Seit Einzug der Navy – San Diego war für die US Navyflotten während des 2. Weltkrieges der wichtigste Hafen im pazifischen Raum – besteht San

Fischerboot, Newport Beach

Diego als Fischereihafen nur noch für Hochsee-Sportfischerei. Der Hafen von Long Beach ist wie San Diego ein Stützpunkt der US Navy, beheimatet eine große Navy-Werft ist ein wichtiger Frachthafen, vor allem auch für die Ölindustrie.

Der dritte wichtige Fischereihafen befand sich in Monterey, das dank John Steinbecks *Cannery Row* und der Sardinenkonservierung weit außerhalb Kaliforniens berühmt wurde. In den 40er Jahren ging der Sardinenbestand so stark zurück, daß von Dutzenden von Konservenfabriken 1965 nur noch eine betrieben wurde und heute nichts außer Museen übrig sind. Heute ist Monterey hauptsächlich ein Zentrum für den Gemüse-, Obst-, Blumen- und Weinanbau des gleichnamigen County. Von der Monterey Bucht ziehen Fischerboote zum Lachs-, Red Snapper- und Albacore Thunfischfang aus; Taucher gehen von Monterey aus auf *Rock Scallop*-Suche (Kammuscheln) und Abalone Muschelfang.

Wie aus diesem historischen Überblick ersichtlich ist, haben die Fischvorkommen in Küstennähe stark unter kommerziellem Fischfang und Umweltverschmutzung gelitten. Verantwortlich für die Dezimierung ist vor allem die starke Besiedlung Kaliforniens innerhalb der letzten 150 Jahre. Der Bevölkerungswachstum wie auch die gesteigerte kommerzielle Nachfrage standen in keinem Verhältnis zur natürlichen Aufstockung der Fischbestände vor Ort. Seit 1983 herrscht vor Kaliforniens Küste zudem El Niño, eine bisher unerklärte Erhöhung der Wassertemperatur um 2 bis 3 Grad, die vor allem den Thunfischfang beeinflußt hat. Albacore Thunfisch, der normalerweise vor der mexikanischen und südkalifornischen Küste gefangen wurde, wird heute verstärkt im Norden gefangen, da er die etwas wärmeren Gewässer vorzieht. Ahi oder Yellowfin und Skipjack sind heute die am stärksten vertretenen Thunfischarten vor der südkalifornisch-mexikanischen Küste, während der kältere Gewässer vorziehende Bluefin Thunfisch nur im Frühjahr auftaucht und dann in kältere Gewässer abwandert.

Von den Thunfischkonservenfabriken besteht in Kalifornien nur noch eine, der Rest des Fisches wird frisch verkauft oder eingefroren exportiert.

Seit Inkrafttretung strenger Fischereigesetze soll sich der pazifische Fischbestand vor Kaliforniens Küste erholen, denn seine Artenvielfalt ist beachtlich: Red Snapper, Seebarsch, *Clams* (Venusmuscheln), St. Jakobsmuscheln, Schwertfisch, Albacore, Ahi oder Yellowfin Thunfisch, Abalone Muscheln, Krebse, Lachs wie auch die Süßwasserfische Regenbogenforelle und *California Golden Trout* (Forelle mit leuchtend rotem Bauch).

Für bestimmte Arten ist der Fang gänzlich untersagt oder derart strengen Gesetzen unterworfen, daß eine kommerzielle Ausschöpfung unmöglich ist. So dürfen Abalone Taucher im Norden Kaliforniens keine Tieftauchgeräte verwenden, jeder Freizeit-Angler nur mit Angelschein in bestimmten Monaten im Jahr seinem Hobby nachgehen und an der Küste nur in vorgeschriebenen Monaten und nur zu festgelegten Tageszeit nach Muscheln gestochen werden.

Das *California State Department of Fish and Game* unterhält zudem über 20 Fischzuchtfarmen, um die wachsende Nachfrage nach Lachs zu bewältigen. Lachs, der schon den ansässigen Indianerstämmen im Norden des Staates als Nahrung diente, wird noch heute kommerziell wie auch von Hobby-Anglern im Meer gefangen. Die natürliche Route der Lachse auf dem Weg zu ihren Laichgründen in den Gebirgsbächen der Sierra Nevada wurde in vielen Fällen durch Staudämme, Umleitungen der natürlichen Wasserarme vom Norden für die Bewässerung und zum Trinkwasserverbrauch des trockenen Südens gestört. Obwohl einige Wasserläufe für die Lachse mit künstlichen Stromschnellen-Etappen ausgestattet sind, damit sie zu den Laichgründen finden, hätte der Einfluß des Menschen in dieser Region die Zahl der Lachse noch erheblicher dezimiert, wenn nicht für die Erhaltung des reichen Fischbestands durch Zuchtfarmen gesorgt werden würde. Auch der pazifische *Striped Bass* (gestreifter Barsch) und die Regenbogenforelle werden auf diese Weise gezüchtet.

Neben ihrer Funktion als Rettungsdienst achtet die Küstenwacht auch auf die Einhaltung der gesetzlichen Vorschriften zur Bekämpfung der Umweltverschmutzung, um die Folgen der menschlichen Invasion möglichst einzudämmen und das empfindliche Öko-System des Meeres nicht noch weiter zu beeinträchtigen. So wird auch der Bestand von Walen oder Delphinen beobachtet und kranken Tieren geholfen. In den Großstädten rücken im Rahmen einer Bürgerinitiative regelmäßig freiwillige Strandsäuberungstrupps aus – ein bewundernswerter, sehr erfolgreicher Versuch, die am meisten besuchten und dadurch leider am stärksten verschmutzten Strände Kaliforniens sauber zu halten.

Um die erfolgreichen Bemühungen um eine halbwegs intakte Tierwelt und Artenvielfalt der kalifornischen Küste zu unterstreichen, möchten wir hier den kalifornischen Seelöwen erwähnen, der bis 2,50 m groß wird aber mit einer Geschwindigkeit von bis zu 40 km/h jeden Seehund übertrifft. Zu Späßen stets aufgelegt tümmelt er sich gerne scharenweise auf den Felsen entlang der Küste, vor allem vor Monterey und San Francisco, und neuerdings auch in der Bay, wo er sich auf stillgelegten Molen nach einem ausgiebigen Schmaus dank des seit neuestem regenierten Fischbestands in der Bay mit seinen Freunden um den besten Platz für das Verdauungsschläfchen rauft.

Hervorragende Fischer sind auch die braunen Pelikane, die Sie an der gesamten kalifornischen Küste beobachten können. Pelikane halten sich grundsätzlich in Küstennähe auf, fliegen mit gelassen majestätischer Kopfhaltung und rhythmischem Flügelschlag parallel zum Strand – ihre Flügelspanne beträgt bis zu 2 Meter –, bevor sie im Sturzflug ins Wasser tauchen, einen Fisch sowie mehrere Liter Wasser aufschaufeln, und sich dann auf den Wellen schaukeln lassen, bis das Wasser aus dem Schnabelsack abfließt und die Beute verschluckt werden kann.

Red Snapper à la Vera Cruz
Red Snapper Veracruzana

Wie der Name verrät, stammt dieses klassische kalifornische Fischgericht aus Vera Cruz, Mexiko. Die Kombination von grünen Oliven, Kapern und Tomaten ergibt eine schmackhafte Sauce für festes Fischfleisch, was mild im Geschmack ist.

Den Fisch unter fließendem Wasser abspülen und mit Küchenpapier trocknen. In eine Auflaufform legen und den Saft einer Zitrone oder Limone auf den Fisch träufeln. Zwiebel, Knoblauch und Chili Pepper in einer großen Pfanne auf mittlerer Flamme anbraten, bis die Zwiebeln goldgelb sind. Cumin und Oregano hinzugeben und kurz erhitzen. Dann die Tomaten, Oliven und Kapern hinzugeben, 15 Minuten auf kleiner Flamme dünsten und über den Fisch gießen. Sie sollten dabei den Fisch an den Seiten leicht anheben, so daß die Sauce sich gut verteilt, oder einen Löffel zum Auftragen verwenden. Bei 180 °C 30 Minuten im Ofen backen, oder so lange, bis der Fisch gar ist (unterschiedliche Größe der Filets beachten). Sie können den Fisch in Sauce auch in einer tiefen Pfanne 20 Minuten lang unter geschlossenem Deckel dünsten. Mit ganzen Oliven garnieren und mit Reis und Black Beans servieren.

1 kg Red Snapper, entgrätet oder
anderes festes Fischfleisch
1 Zitrone oder Limone
1 TL Pflanzenöl
1 Zwiebel, gehackt
4 Knoblauchzehen, gepreßt
1 Jalapeño Chili, gehackt
1 TL gemahlener Cumin
½ TL getrockneter Oregano,
fein gehackt oder zerkrümelt
1 mittlere Dose ganze Tomaten, ohne
Flüssigkeit und in grobe Stücke
geschnitten
2 EL Kapern, kurz abtropfen lassen
200 g grüne Oliven mit Piment, in
Scheiben geschnitten

Mexikanische Fischvorspeise
Ceviche

Der Fisch zu dieser mexikanischen Fischvorspeise wird in Limonensaft mariniert und braucht nicht gekocht zu werden. Verschiedener frischer Fisch eignet sich für dieses Rezept.

Den Fisch und die Muscheln in eine flache Glasschale geben und mit Limonensaft bedecken. Abdecken und bei Zimmertemperatur ca. 3 Stunden ziehen lassen. Die Tomate, Frühlingszwiebeln, Öl, Essig und Oregano zusammenrühren und mit Salz und Pfeffer abschmecken. Den Fisch abgießen und mit Wasser kurz abspülen, dann erneut gut abtropfen lassen. Den Fisch zur Sauce geben und kalt stellen. In kleinen Schalen oder Cocktailgläsern servieren und mit Cilantro garnieren.

250 g Kammuschelfleisch
(halbieren Sie die Kammuscheln)
250 g Heilbutt, in 1cm breite Würfel
geschnitten
Limonensaft (mind. von 3 oder
4 Limonen)
250 g Tomaten, klein gewürfelt
ca. 60 g geschnittene Frühlingszwiebeln
50–75 ml Olivenöl
2 EL Weinessig
¼ TL Oregano
Salz und Pfeffer
4 EL Cilantro, fein gehackt

Central Coast, Monterey County

Scampi mit Prinzeßbohnen in Kokosmilch
Scampi with Green Beans in Coconut Milk

1 kg Scampi, Shrimps oder Garnelen,
mit Schale, butterflied (siehe Seite 20)
1 Dose Kokosmilch (ca. 400 ml)
4 Knoblauchzehen, gepreßt
500 g grüne Bohnen, Stiele entfernen
aber ganz lassen
Salz (nach Geschmack)

Scampi gut waschen und säubern und am Rücken der Länge nach aufschneiden. Kokosmilch und Knoblauch in einer Wok-Pfanne leicht zum Kochen bringen und ab und zu umrühren, bis die Milch eindickt (ca. 5 Minuten). Grüne Bohnen hinzugeben, Deckel darauf und fast gar dünsten (ca. 7 Minuten). Scampis hinzugeben, Deckel darauf und weitere 15 Minuten garen, bis die Scampis gekocht sind. Die Sauce wird leicht geronnen sein. Auf weißem oder braunem Reis servieren, dazu einen frischen grünen Salat.

Traditioneller Kalifornischer Fischeintopf
California Cioppino

12 mittelgroße Shrimps (ganz, d. h. mit
Schale, Schale nicht wegwerfen)
2 EL Olivenöl
1 kleine braune Zwiebel, gehackt
1 Porreestange (Lauch)
2 mittelgroße Mohrrüben, gehackt
1 Stange Staudensellerie, gehackt
2 EL Knoblauch, gepreßt
250 ml Weißwein
2 Tomaten, gewürfelt
250 ml Muschelsud (oder die Flüssigkeit
aus der Dose, z. B. von Clams s. Seite 21)
750 ml Wasser
½ Bund Cilantro
2 Lorbeerblätter
1 großes Stück Barsch oder anderen
festen Fisch, z. B. Seelachs, Kabeljau,
gewürfelt
4 große St. Jakobsmuscheln (Sea
Scallops), quer einmal durchschneiden
200 g frische grüne Bohnen, zur Hälfte
durchbrechen, 200 g Zuckererbsen, Fäden
und Stiele entfernen, 6 Frühlingszwiebeln,
in dünne Scheiben geschnitten
⅓–½ Bund Cilantro

Diese Bouillabaisse à la California ist leicht und schnell zubereitet. Sie können Fisch, Meeresfrüchte und Gemüse beliebig variieren, je nachdem was gerade frisch auf dem Markt ist. So passen auch Austern, Miesmuscheln und Venusmuscheln, Krebs oder Garnelen hinein.

Shrimps waschen, Schale abtrennen und für die Brühe aufheben. Gepellte Shrimps in den Kühlschrank bis zur späteren Verwendung stellen. Öl in einem schweren großen Suppentopf erhitzen, die Shrimpschalen hinzugeben (zum Auskochen), Zwiebeln, Porree, Mohrrüben, Sellerie und Knoblauch hinzugeben und 5 Minuten dünsten. Wenn das Gemüse halb gar ist, Wein, Wasser, Tomaten, Muschelsud oder -flüssigkeit, Cilantro und Lorbeerblätter hinzugeben. Deckel darauf und bei geringer Hitze ca. 30 Minuten leicht kochen lassen. Durch ein Sieb gießen und das Gemüse und die Shrimpschalen entfernen. Die Brühe zum Kochen bringen und den Fisch, Shrimps, grüne Bohnen, Zuckererbsen und Zwiebeln hineingeben. (Die Bohnen oder die Zuckererbsen können auch durch Pilze, z. B. Steinpilze, ersetzt werden.) Flamme auf klein stellen und ca. 10–20 Minuten ziehen lassen, möglichst nicht kochen, bis der Fisch und die Bohnen gar sind. Vom Feuer nehmen und mit einer Schöpfkelle in tiefe Schüsseln geben. Mit Cilantro garnieren.

Wüsten-Landwirtschaft, Dattelpalmen und Karottenfelder bei Palm Springs

Heilbutt mit roter Paprika und Zitrone
Halibut with Peppers and Lemon

1 kg Heilbutt (als 4 Steaks oder Filet)
2 rote Paprika
2 EL Olivenöl
½ TL gemahlener Koriander
2 EL frische Petersilie, gehackt
2 EL frischer Basilikum, gehackt
1 Zitrone

Paprika entkernen, säubern und würfeln. Olivenöl in einer Wok-Pfanne erhitzen und Paprika dünsten. Kräuter hinzugeben und mehrere Male wenden, um die Zutaten gut zu vermischen. Die Heilbutt-Steaks hinzugeben und abdecken. Auf kleiner Flamme dünsten, bis der Fisch gegart ist. Fisch nach ca. 4 oder 5 Minuten wenden. Sie können prüfen, ob der Fisch gar ist, wenn die Gabelspitze leicht ins Fleisch geht. Fischsteaks auf die Teller geben, mit einem gehäuften Löffel Paprikamischung garnieren und Zitronendreiecke dazulegen.

Kammuscheln mariniert in Zitrussaft
Scallops Marinated in Citrus

12–16 frische große St. Jakobs- oder
Kammuscheln
75 ml Orangensaft
Saft einer Limone oder Zitrone
1 TL Orangen-, Ztironen- oder
Limonenschale, fein geraspelt
½ TL gemahlener Cumin
¼ TL Salz
¼ TL Chilipulver oder Cayennepfeffer

Aus Saft und Gewürzen Marinade mischen. Muschelfleisch waschen und in eine Glasschüssel geben, mit Marinade bedecken und 2 Stunden im Kühlschrank marinieren. Dann die Marinade abgießen. Muschelfleisch in einer Grillpfanne 3 bis 4 Minuten (pro Seite) grillen. Achten Sie darauf, daß die Muscheln nicht zu lange auf dem Grill sind, da sie sonst austrocknen. Die Mitte sollte immer noch etwas transparent sein; die Kochzeit variiert entsprechend der Größe und Dicke des Muschelfleischs. Muscheln sofort servieren.

In Weißwein gedünstete Muscheln
Mussels Steamed in White Wine

2 EL Olivenöl
1 kleine braune Zwiebel, gehackt
4 große Knoblauchzehen, fein gehackt
¼ TL geschrotete rote Chilis
24 Miesmuscheln, gut geputzt (bürsten
und die „Bärte" entfernen)
250 ml trockener Weißwein
½ Bund Cilantro, alle Stengel entfernen

Olivenöl in einer Wok-Pfanne erhitzen und Zwiebeln dünsten bis sie glasig sind. Knoblauch und geschrotete rote Chilis hinzugeben und ca. 5 Minuten dünsten. Vom Feuer nehmen und zur Seite stellen. Die Muscheln mit einer Bürste putzen und die Öffnungen mit einem scharfen Messer säubern. Bringen Sie dann in einem schweren Topf den Wein und die Muscheln zum Kochen. Deckel darauf, auf klein stellen und ca. 7 Minuten kochen lassen, bis die Muscheln sich öffnen. Topf vom Feuer nehmen und alle noch geschlossenen Muscheln wegwerfen. Die offenen Muscheln auf tiefe Teller verteilen. Den Sud durch ein Sieb auf die Zwiebeln und Knoblauch gießen und kurz aufkochen. Cilantro unterrühren und mit einer Kelle auf den Muscheln verteilen.

Thunfisch in Ingwer-Olivenöl-Vinaigrette und Wasabi

Tuna with Ginger-Olive Vinaigrette and Wasabi

Zitronensaft, Essig, Estragon, Ingwer und Honig in einer Schüssel verrühren. Das Öl langsam mit unterrühren. Die Vinaigrette sollte sehr leicht und dünnflüssig sein. Abschmecken und eventuell mit Salz und Pfeffer nachwürzen. Die Thunfischsteaks unter laufendem Wasser abspülen, mit Küchenpapier abtupfen und in einer Glasform mit der Hälfte der Vinaigrette bedecken und eine Stunde im Kühlschrank marinieren.

Die Vinaigrette kann bis zu 3 Tage im Kühlschrank aufbewahrt werden. Wasabi nach Beschreibung auf der Dose zubereiten, bis es eine dicke Paste ergibt.

Holzkohlen auf dem Grill vorbereiten; sie sollten rot glühen und Asche am Rand bilden. Marinierte Steaks leicht mit Olivenöl bestreichen und dann von jeder Seite 4 Minuten grillen. Auf vorgewärmte Teller geben und mit restlicher Vinaigrette beträufeln. Einen kleinen Löffel Wasabi an die Seite geben.

Thunfischsteaks können auch im Ofen zubereitet werden, vorzugsweise im Grill eines Gasofens, ca. 3 bis 4 cm von der Flamme, oder im kleinen Grill in gleicher Entfernung von den oberen Heizröhren.

4 mittelgroße frische Thunfischsteaks
75 ml frisch gepreßter Zitronensaft
1 EL Weißweinessig
1 EL frischer Estragon, fein gehackt
1 TL frischer Ingwer, gepreßt
1 TL Honig
75 ml Olivenöl
Salz und Pfeffer
1 kleine Dose Wasabi (wahlweise)

Gegrillter Schwertfisch mit Papaya Salsa

Grilled Swordfish with Papaya Salsa

Papaya schälen und die Kerne mit einem Löffel herausnehmen. Entfernen Sie auch die Fäden und die Haut, in die die Kerne eingebettet sind. Fruchtfleisch in 1–1½ cm breite Würfel schneiden und in eine Schüssel geben. Restliche Zutaten hinzugeben und vorsichtig wenden, damit die Papaya nicht zerdrückt wird. Zur Seite stellen.

Öl, Essig, Petersilie, Knoblauch in einer kleinen Schüssel verrühren und nach Geschmack würzen. Schwertfischsteaks in eine Glasform legen und mit der Marinade begießen. Die Steaks einmal wenden, um sicher zu gehen, daß sie ganz bedeckt sind. Abdecken und etwa 2 Stunden im Kühlschrank ziehen lassen. Den Holzkohlengrill vorheizen bis die Kohlen rot glühen und sich Asche an den Rändern bildet. Die Fischsteaks auf den Rost legen und solange grillen, bis sie dunkle Grillstreifen zeigen, durch aber noch saftig sind; ca. 4 Minuten pro Seite, je nach Dicke. Zwischendurch mit Marinade bestreichen. Mit einem gehäuften Eßlöffel Papaya Salsa an der Seite servieren.

Papaya Salsa:
1 reife Papaya (die Haut sollte zum größten Teil gelb sein, das Fleisch bei Fingerdruck wenig nachgeben; wenn es zu sehr nachgibt, ist sie überreif oder geprellt)
3 EL Zitronen- oder Limonensaft
2 EL getrocknetes Kokosfleisch, geraspelt
¼ TL geschrotete rote Chilis

4 Schwertfisch Steaks, ca. 3 cm dick
2 EL Olivenöl, 2 EL Weißweinessig
2 EL frische Petersilie, fein gehackt
1 EL Knoblauch, gepreßt
Salz und Pfeffer

Gemüse und Agrarwirtschaft

Kalifornien ist der Obst- und Gemüselieferant der USA und der vielseitigste Agrarstaat der Welt. Auf einem Drittel seiner Landfläche oder ca. 115 Mill. Hektar wachsen auf großflächigen Plantagen und Farmen 55 % des gesamten US-amerikanischen Bedarfs an frischem Obst, Gemüse und Nüssen. Von den über 200 verschiedenen kalifornischen Agrarerzeugnissen werden viele exklusiv angebaut, d. h. mehr als 99 % aller in den USA angebotenen Oliven, Mandeln, Pistazien, Datteln und Artischocken stammen aus Kalifornien. Die kalifornische Rosine sowie Trauben für den Weinanbau gehören zu den wirtschaftlich ertragreichsten Produkten des *Golden State*.

Die Agrarnutzung beschränkt sich allerdings nicht nur auf den Anbau von Lebensmitteln, sondern dehnt sich auch aus auf Blumenfarmen, Palmengärtnereien, die Produktion von Milcherzeugnissen bis hin zu Baumwollfeldern.

Was dem Besucher vielleicht am ehesten in Erinnerung bleiben wird, sind Sehenswürdigkeiten der kalifornischen Land(wirt)schaft: Eine Fahrt durch die Ebenen des Monterey County z. B. führt an endlosen saftigen Feldern vorbei. Alle paar Meilen werden aus buntbemalten Buden am Straßenrand überschüssige Ernteprodukte verkauft: Kopfsalat (vor allem aus der Salinas Gegend nahe der Küste), Artischocken, grüner Spargel, Broccoli, Erdbeeren, Pfirsiche usw. Nördlich und landeinwärts streift der Blick über grüngetupfte Felder, auf denen Rosinen unter fast ständigem Sonnenschein reifen. Die kleine Stadt Selma wie auch die erheblich größere landwirtschaftlich berühmte Stadt Fresno behaupten stolz, die „Rosinen-Hauptstadt der Welt" zu sein. Andere kleine Ortschaften trumpfen ähnlich auf: Im August feiert z. B. Gilroy (Monterey County) seit vielen Jahren das Straßenfest zur Ernte ihres Beitrags zur guten Küche: die Knoblauchzehe. Nach altem europäischem Vorbild werden Buden aufgebaut, eine Knoblauchprinzessin gewählt, getanzt bis spät in die Nacht, und unterschiedlichste Speisen und Getränke angeboten, vorausgesetzt, sie lassen sich aus der saftigen weißen Zehe und Knolle zubereiten.

Bauernmarkt, Los Angeles County

Von derart traditionellen Erntefesten, die zunehmend Gäste von nah und fern anlocken, gibt es in Kalifornien mittlerweile immer mehr, darunter Spargelfeste, Weinernte, Artischocken-, Rosenkohl-, Rosinen- und Dattelfeierlichkeiten.

Die kalifornische Küche hat sich viele kulinarische Gebräuche der feinen italienischen Küche zueigen gemacht. Was in Italien beispielsweise als Antipasto bezeichnet wird (gegrillte Auberginen in Olivenöl oder geröstete marinierte Paprikaschoten), wird in Kalifornien als leicht bekömmliches, vegetarisches Hauptgericht auf Pasta, Pizza oder im Salat angeboten.

Die hinzukommende Artenvielfalt und der Einfluß des pazifisch-asiatischen Raumes läßt die Speisekarte für den Gemüseliebhaber ins Unendliche wachsen: Broccoli mit Wasserkastanien und gerösteten Walnüssen, brauner Reis mit Sojasprossen und Shiitake Pilzen (siehe Seite 28), Prinzeßbohnen mit Mandeln in Zitronensauce und vieles mehr, was auch untereinander endlos variiert werden kann.

Der populärste Reis Kaliforniens ist braun: ein kurzes dickes Reiskorn, nussig-kernig im Geschmack, das etwas länger gekocht werden sollte als weißer Reis. Brauner Reis ist sehr gut für vegetarische Gerichte, da er sehr viel Eigengeschmack hat.

Die verschiedensten, in den USA einheimischen Squashgemüse eignen sich alle hervorragend zum Backen (ohne Fett und mit kaum Wasser) oder auch zum Grillen oder Rösten. Squash ist mit Gurken und Kürbis verwandt und wird Ihnen am ehesten als Zucchini bekannt sein. Einige in Deutschland weniger gebräuchlichen Varianten können Sie in Feinkostgeschäften oder aus Italien importiert kaufen, z. B. verschieden farbige Zucchini, Crookneck oder den kleinen runden, grünen „Gartenkürbis". Große Squashsorten, die hauptsächlich im Winter gegessen werden, wie Butternut-, Spaghetti- oder Acorn-Squash, werden ungeschält halbiert im Ofen gebacken (Schnittseite nach unten drehen, damit sie nicht austrocknen). Wenn die Squash aromatisch riecht und gar geworden ist, mit etwas Butter bestreichen und Rohzucker darauf streuen, vierteln oder achteln und servieren, oder Füllung herauslöffeln. Winter-Squash sind süß im Geschmack und ähneln daher eher dem Kürbis als der Gurke oder Zucchini. Alle Squashsorten wie auch große Zucchini lassen sich sehr gut gefüllt backen (z. B. mit Reis, Fleisch oder Fisch oder Mischungen aus Gemüse und Reis).

Grüne Erbsen

Prinzeßbohnen mit Mandeln in Zitronensaft
Green Beans with Almonds in Lemon Sauce

2 EL flüssige ungesalzene Butter mit 2 EL frisch gepreßtem Zitronensaft verrühren und über bißfeste grüne Bohnen gießen. 25 g grob gehackte, frisch im Ofen geröstete Mandeln darüberstreuen (Mandeln bei 175 °C ca. 5 Minuten rösten).

2 EL flüssige ungesalzene Butter
2 EL Zitronensaft
400–500 g grüne Bohnen
25 g grob gehackte Mandeln

Spinat mit Rosinen und Pinienkernen
Spinach with Raisins and Pine Nuts

Pinienkerne ca. 3 Minuten in einer kleinen ungefetteten Pfanne von allen Seiten rösten. Zur Seite stellen. Die Rosinen (falls sehr trocken) ca. 15 Minuten in Wasser aufweichen, abgießen und fein hacken. Den Blattspinat gut waschen und in bißgroße Streifen schneiden. Butter und Olivenöl in einer großen Pfanne erhitzen, Knoblauch hinzugeben und 30 Sekunden lang dünsten. Den Spinat hinzugeben und ca. 3 Minuten auf mittlerer Flamme dünsten. Rosinen und Pinienkerne hinzugeben, einmal wenden und sofort servieren.

20 g Pinienkerne, geröstet
40 g Rosinen
300 g frischer Blattspinat
1 TL ungesalzene Butter
1 TL Olivenöl
2 Knoblauchzehen, gepreßt
Salz und Pfeffer, nach Geschmack

Gedünsteter Spargel
mit gerösteten Knoblauchzehen
Steamed Asparagus with Roasted Garlic

Knoblauch unter dem Grill oder im Ofen ca. 20 Minuten bei 180 °C backen bis sie weich sind. Schale pellen und Knoblauch mit einer Gabel zerdrücken. Spargel waschen, die trockenen Enden abschneiden. Grüner Spargel braucht nicht geschält zu werden. Die Knoblauchpaste in eine tiefe Pfanne geben, den Boden der Pfanne mit etwa 1 cm Wasser bedecken und den Spargel in die Pfanne legen. Deckel darauf und ca. 5 Minuten dünsten, bis der Spargel zart ist. Grüner Spargel ist bißfester als weißer. Abgießen und mit Zitronenscheiben dekorieren, sofort servieren.

4 große Knoblauchzehen, ungeschält
1 Bund frischer (grüner) Spargel
1 Zitrone, in Scheiben geschnitten

Gedünstete Artischocken
Whole Artichokes

Gedünstete Artischocken können ohne irgendwelche Zusätze oder Sauce gegessen werden. Sie können dazu aber auch geschmolzene Butter mit Knoblauch und Zitronensaft reichen. Einige Feinschmecker bevorzugen Mayonnaise oder Sauce Hollandaise zur frischen Artischocke. Wir empfehlen Artischocken pur, ohne Sauce, denn der beim Dünsten freigesetzte Geschmack von Zitronen und Knoblauch ist ausreichend.

4 ganze frische Artischocken
2 Knoblauchzehen
½ Zitrone
1 TL Olivenöl

Artischocken waschen und den Stengel abschneiden, damit die Artischocke gerade sitzt. Wer möchte, kann auch die Blattenden mit der Küchenschere gerade abschneiden, damit die Artischocke stumpf geschnitten aussieht (und daher rund ist) – nur eine Frage der Ästhetik. Die vier Artischocken in einen tiefen breiten Topf setzen, so daß sie sich gegenseitig und am Topfrand stützen. Wasser in den Topf gießen, so daß sie bis zu 4 cm im Wasser stehen. Knoblauch pellen und vierteln und die Zitrone in 4 Scheiben schneiden. Knoblauch und Zitronenscheiben zwischen die Artischocken geben. Dann Olivenöl hinzugeben und das Wasser zum Kochen bringen. Einen gut schließenden Deckel auf den Topf geben und ca. 45 Minuten dünsten. Prüfen Sie gelegentlich, ob noch Wasser im Topf ist, sonst nachgießen. Solange dünsten, bis die Blätter der Artischocke leicht vom Stengel zu ziehen sind und das innere Fleisch zart ist. Gut abtropfen lassen und eine Artischocke pro Person servieren.

Artischocken lassen sich nur mit der Hand essen: Jeweils ein Blatt abreißen, das untere gebogene Ende in Sauce (falls vorhanden) dippen, und das fleischige untere Ende des Blattes zwischen den Schneidezähnen abkratzen. Den Rest des Blattes wegwerfen. Auf diese Art arbeitet man sich, Blatt für Blatt, langsam zur spitzen Mitte der Artischocke vor. Kratzen Sie mit einem Löffel die spitzen Blätter ab, um das Artischockenherz freizulegen. Das Herz ist natürlich das zarteste, beste Stück einer Artischocke und eine reiche Belohnung für die harte Arbeit, die Sie geleistet haben, um daran zu kommen.
Sollten zufällig Artischockenherzen übrig bleiben, marinieren Sie sie in Balsamico-Essig und Olivenöl-Vinaigrette. Sie sind hervorragend zur Dekoration von Salaten oder geviertelt auf Pizza oder Pastagerichten geeignet.

Artischocke, Santa Cruz County

Gegrilltes Gemüse
Grilled Vegetables

4 EL Olivenöl
4 Knoblauchzehen, gepreßt
2 mittelgroße Zucchinis, der Länge
nach halbiert
2 gelbe Crookneck Sqash, der Länge
nach halbiert
1 kleine Aubergine oder Japanese
Aubergine in dicke Scheiben geschnitten
1 große rote Zwiebel, in dicke Scheiben
geschnitten
8 große Champignons, halbiert
2 große Tomaten, in dicke Scheiben oder
Viertel geschnitten

Knoblauch in Olivenöl verrühren und damit das Gemüse von allen Seiten bestreichen. Auf einen Holzkohlengrill legen. Sollte der Grill einen breiten Rost haben, müssen Sie das Gemüse eventuell auf Alufolie legen. Das Gemüse vom Grill nehmen, wenn es braun ist. Legen Sie die verschiedenen Gemüsesorten in der angegebenen Reihenfolge auf den Grill, die, die zuletzt aufgeführt sind, kochen am schnellsten und somit sind alle Gemüsesorten zur gleichen Zeit fertig. Sie können sie auch im Ofen (mit Grillvorrichtung) oder einem Kleinstgrill in der Küche zubereiten, aber der Holzkohlengrillgeschmack fehlt dann natürlich.

Geröstete Rosmarinkartoffeln mit Balsamico
Rosemary and Balsamic Roasted Potatoes

2 EL Olivenöl
1 kg kleine neue rote Kartoffeln, geviertelt
2 EL Knoblauch, gepreßt
2 EL Frühlingszwiebeln, feinst zerhackt
oder in der Küchenmaschine zerkleinert
2 TL frischer Rosmarin, zerhackt
2 EL Balsamico-Essig
Salz und Pfeffer

Kartoffeln waschen, abtrocknen und vierteln (nicht schälen). Olivenöl in einer großen tiefen Pfanne bei mittlerer bis hoher Flamme erhitzen. Kartoffeln, Knoblauch und Frühlingszwiebeln hineingeben und gut wenden, damit alle Kartoffeln etwas von Öl bedeckt sind. Rosmarin hinzugeben und erneut wenden.
Wenn die Kartoffeln heiß geworden sind, breiten Sie sie nebeneinander auf einem Backblech aus. Auf dem untersten Rost im Ofen bei 220 °C rösten bis die Kartoffeln leicht braun und fast weich sind, ca. 25 Minuten. Sie sollten die Kartoffeln nach 10 oder 12 Minuten wenden. In eine große Schüssel geben, etwas Essig darübersprenkeln und wenden. Mit Salz und Pfeffer abschmecken. Zurück aufs Backblech geben und 6 weitere Minuten rösten, bis sie knusprig sind (der Essig bringt die Kartoffeln leicht zum Knistern). Sofort servieren.

Rosmarin, Zitrone und Oliven

Brauner Pilaf-Reis mit Ingwer und Honig
Brown Rice Pilaf with Ginger and Honey

Zwiebeln, Knoblauch, Ingwer mit dem braunen Reis in Olivenöl dünsten, bis er braun ist. Salz hinzugeben. Dann Wasser und Honig daraufgeben und zum Kochen bringen. Flamme klein stellen und bei niedrigster Einstellung ca. 30 Minuten kochen, bis der Reis fast gar ist. Sojasprossen hinzugeben und noch 15 Minuten gardünsten.

2 EL Olivenöl
4 Frühlingszwiebeln, gehackt
2 Knoblauchzehen, gepreßt
1 EL frischer Ingwer, gepreßt
250 g brauner Reis
1 TL Salz
750 ml Wasser
1 EL Honig
250 g Sojasprossen

Buntes Sommer Squash
Summer Squash Medley

Squash (sprich: skwosch) ist der Familienname aller Zucchini und Kürbisfrüchte, deren Vielfalt in Form und Farbe in Nordamerika erstaunlich ist. Dieser Squash-Eintopf ist schnell und einfach zuzubereiten, ist vielseitig im Geschmack und ergibt mit Cornbread und Tortillas gereicht eine vegetarische Mahlzeit.

Öl in großer schwerer Pfanne erhitzen und Zwiebeln und Knoblauch dünsten. Wenn beides goldbraun ist, trockene Gewürze hinzugeben und ca. 1 Minute kochen, eventuell etwas Tomatensaft hinzufügen, damit es nicht verbrennt. Dann Tomaten hinzugeben und einige Minuten kochen. Den Squash, Mais, grüne und andere Bohnen unterrühren und dünsten bis alles gar ist, ungefähr 15 Minuten. Die Käsewürfel und Cilantro unterheben und solange bei geringer Hitze kochen, bis der Käse anfängt zu schmelzen. Mit Cilantro garnieren und sofort servieren.

1 EL Pflanzenöl
1 braune Zwiebel, gewürfelt
3 Knoblauchzehen, gepreßt
1 EL Chilipulver
1 TL gemahlener Cumin
1 TL gemahlener Koriander
1 große Dose Tomaten, ohne Haut und in Würfel geschnitten, mit Saft
500 g frisches Sommersquashgemüse, Crookneck (gelb mit gebogenem Hals), gelbe Zucchini, Button (kleine runde, hellgrüne Squash), grüne Zucchini, in dicke Scheiben oder Würfel geschnitten
1 kleine Dose Mais, oder ca. 200–250 g gefrorener Mais
250 g frische grüne Bohnen, halbiert
1 mittelgroße Dose Pinto Bohnen, mit Flüssigkeit, oder andere Dosenbohnen wie z. B. Kidneys, Cannelli, große weiße Bohnen usw.
125 g Münster oder Jack Cheese, gewürfelt
1 Bund frischer Cilantro, gehackt

Bunte geröstete Paprika
Roasted Tri-Colored Pepper

Das Garen von Paprikaschoten auf offener Flamme beseitigt den oft bitteren Geschmack der Haut. Die Paprika gart in ihrem eigenen Dampf-„bad" nach dem Grillvorgang über offenem Feuer in einer Papiertüte. Sie werden feststellen, daß die verkohlte Haut der Schote sich viel leichter abziehen läßt, nachdem die Paprika bis zu 10 Minuten in der Papiertüte war, als würden Sie es sofort nach dem Rösten versuchen. Das Paprikafleisch ist zudem wunderbar süß, gegart quasi im eigenen Saft, intensiv und aromatisch.

4 Paprika, rot, grün und gelb oder orange
1 EL Olivenöl
2 EL Balsamico Essig
1 Knoblauchzehe, gepreßt
Salz und Pfeffer

Die Paprika waschen, den Stiel vorsichtig herausschneiden und die Schote innen säubern, nicht zerschneiden. Stecken Sie die Schote auf eine lange Gabel und rösten sie über der Herdstelle oder auf dem Grill, bis sie von allen Seiten schwarz verkohlt ist. Die Paprika dann sofort in eine braune Packpapier- oder andere Papiertüte geben und die Tüte oben fest schließen. Etwa 10 Minuten stehen lassen bis die Paprika abgekühlt ist. Jetzt können Sie die schwarze Haut leicht abziehen.
Paprika in breite Streifen schneiden. Olivenöl, Essig, Knoblauch und Gewürze verrühren und die Paprika in der Vinaigrette wenden. Bei Zimmertemperatur servieren. Sie sollten die Paprika nicht gekühlt servieren, da sonst der Geschmack verloren geht. Sehr gut als Vorspeise oder vegetarisches Gericht (z. B. mit gegrillten Zwiebeln, Zucchinis und Reis) oder auf Pasta für ein leichtes Mittag- oder Abendessen.

Beach, Barbecue und Surf

Kaliforniens Küste bezaubert durch seine Gegensätze: Im Norden umranden dicht bewachsene, grüne Felsen winzige einsame Buchten, in denen die Gischt der Brandung oft nicht vom Nebel zu unterscheiden ist und Seelöwen in uneingeschränkter Freiheit spielen. An der Central Coast windet sich die Küstenstraße über 200 Meilen von einer schönen Bucht zur nächsten. Zypressen stehen wie einsame Wächter vor hellen feinkörnigen Sandstränden, die zu erholsamen Spaziergängen einladen. Die Luft ist klar und von Eukalyptus- wie Meeresgeruch durchtränkt. Je weiter man nach Süden vordringt, desto breiter, goldgelber werden die Strände, an denen sich vermehrt Surfer und Strandenthusiasten tümmeln. Kurz vor der mexikanischen Grenze erreichen Sie dann das Paradies jeden Wassersportlers und Seglers. Hier kreuzen die Yachten, Wasserskier und Surfer um die Wette. San Diegans behaupten nicht zu Unrecht, daß sie in Bezug auf schönste Strände, beste Surfwellen und die meisten Tage Sonnenschein pro Jahr bei kalifornischen Höchsttemperaturen überprivilegiert sind.

Life is a Beach… der Leitspruch der Surfer und auch die abfällige, neiderfüllte Bezeichnung für den Inbegriff des Südkaliforniers, genauer gesagt des *Beach Bums* (braungebrannt, sonnenblond, Shorts und ein Surfboard unter dem Arm), für den kein Tag lebenswert ist, ohne wenigstens einmal in den Surf gesprungen zu sein. Die Radiostationen von Santa Cruz bis San Diego geben nach dem Wetterbericht den Surf Check durch (z.B. „heute 1½ bis 2 Meter hohe Wellen").

Andere beliebte Strandsportarten sind Bicycling, Rollerblading und Beach Volleyball. Am Venice Beach stehen die Muskelmänner und heben Gewichte unter Palmen. *Body Culture is big business.* Die Muskeln werden sorgsam trainiert, geölt und in bizarren Bikinis und Beach Shorts zur Schau gestellt. Unzählige Ketten-, Sonnenbrillen- und Strandbekleidungsstände säumen die Promenade. Ernstzunehmende Surfer und Beach Boys lächeln nur über soviel narzißtisches Gehabe, für sie zählt einzig und allein der Adrenalin-Rush des Wellenreitens.

Wer annimmt, das Wasser entlang der Küste lade zum ausgiebigen Baden ein, liegt falsch: Es ist sehr frisch und wird erst im September (auch in Teilen Südkaliforniens) warm genug, um mit Genuß schwimmen zu gehen. Surfer umgehen dieses Problem, in dem sie *Wetsuits* (Taucheranzüge) tragen.

Und was essen Surfer? Am liebsten ausgefallene, knackige Sandwiches mit gegrilltem Huhn oder Thunfisch, Avocadoscheiben, Kresse oder Alfalfasprossen. *Iced Tea* wird literweise verkonsumiert, und abends teilt man sich unter *Surfer Buddies* vielleicht einen großen Teller Nachos und ein kaltes mexikanisches Bier mit Limone.

Egal, aus welchem Grunde man auch am Strand ist, ob sportlich aktiv oder eher faul, das Essen muß knackig und erfrischend und das Getränk eiskalt sein. Der Sommer in Kalifornien ist lang, um das Leben in der Natur, so auch am Strand, in vollen Zügen zu genießen.

Hartgesottene Strandfanatiker schleppen daher ihre Familien und Freunde an langen Feiertagswochenenden gerne zum Grillen an den Strand. Wenige Strände haben Grillerlaubnis, sind dafür aber mit sehr guten *open-pit* Barbecues ausgerüstet.

Barbecue ist für Kalifornier eine von vielen Definitionen des guten Soziallebens. Man versammelt sich bequem (in Shorts, T-Shirt und Sweatshirt für die späteren Stunden) im Garten, am Swimming Pool, auf der Terrasse und plaudert, während stundenlang gegrillt wird. Die Barbecue-Saison beginnt in Südkalifornien mit dem *Memorial Day* Ende Mai und endet offiziell Anfang September mit dem *Labor Day* und fällt somit genau in die langen Schulferien. Tatsächlich ist es auch an vielen anderen Wochenenden warm genug, um Gartenparties zu veranstalten.

Zum Barbecue gehören neben Fleisch oder Fisch auch Maiskolben und *Baked Potatoes*. Vegetarier grillen Zucchinis, Paprika, Pilze, Zwiebeln, Auberginen und Mais. Dazu werden diverse Salate gereicht und zum Nachtisch wird eine große Wassermelone angeschnitten.

Echte Barbecue-Freaks grillen mit Holz-Chips vom Mesquit- oder Hickorybaum (Süßhülsenbaum und nordamerikanischer Walnußbaum), um den Grillgeschmack (durch Rauch der zuvor eingeweichten Holz-Chips) zu variieren. Sie bereiten auch ihre eigene Barbecuesauce vor. Grillmarinaden sind nicht auf die traditionelle Barbecuesauce aus Melasse, Tomatenmark, Essig und Gewürzen begrenzt. Wir haben einige ausgefallene Marinaderezepte aufgeführt, die Sie unbedingt probieren sollten, auch wenn Ihre Barbecue-Saison nicht ganz so lang ist.

Links: Garten-Barbecue
Rechts: Surfen bei der Anlegestelle von Huntington Beach

Marinaden

Mariniertes Fleisch oder Geflügel ist besonders zart und geschmackvoll und eignet sich sehr gut für den Holzkohlengrill, denn die Marinade verhindert, daß das Fleisch trocken oder zäh wird.

Barbecuesaucen lassen sich in vielen Geschmacksrichtungen fertig kaufen. Echte Holzkohlengrillköche wissen allerdings, daß die beste Barbecuesauce oder Marinade einer gekauften nicht das Wasser reichen kann und hüten das Geheimnis ihrer „Special Sauce" wie einen Schatz. Dickflüssige Barbecuesaucen werden übrigens beim Grillen erst zuletzt aufgetragen, da sie nur geringfügig ins Fleisch ziehen und somit beim Grillen schnell verbrennen.

Marinieren ist besser, aber auch aufwendiger – wir empfehlen Ihnen folgende Marinaden und Saucen und schlagen vor, daß Sie sich Ihre eigene Geheimsauce brauen.

Teriyaki Marinade

125 ml Sojasauce
2 EL Honig
2 EL Zitronensaft
2 EL Sake oder Reisweinessig
2 EL brauner Zucker
1 EL frischer Ingwer, gepreßt
1 EL Knoblauch, gepreßt
1 TL Sesamöl

Teriyaki Marinade wird am häufigsten mit Huhn verwendet und ist der in japanischen Restaurants für „Teriyaki Chicken" verwendeten Sauce sehr ähnlich.

Zutaten in einem kleinen Stieltopf verrühren und bei mittlerer Flamme kurz aufkochen. Vom Feuer nehmen und vor Gebrauch im Kühlschrank aufbewahren.

Chipotle Chili-Marinade

60 ml Orangensaft
60 ml Zitronen- oder Limonensaft
2 frische Tomaten, klein geschnitten
2 Chipotle Chilis, sowie 1 EL Sauce aus Dose oder Glas
4 Knoblauchzehen, gepreßt
2 EL Balsamico-Essig
3 TL gemahlener Cumin
Salz und Pfeffer nach Geschmack

Für dieses Rezept sollten am besten bereits eingelegte Chipotle Chilis verwendet werden. Sollten diese nicht erhältlich sein, verwenden Sie getrocknete Chipotles, die Sie dann 5 Minuten im Ofen rösten bis sie aufgegangen sind. Kerne entfernen und Chilischoten in heißem Wasser einweichen, dann zerschneiden und mit etwas Tomatenmark verrühren. Den Zitrussaft mit den Tomaten ca. 15 Minuten in einem kleinen Topf kochen. Abkühlen lassen und in einen Mixer geben, die restlichen Zutaten hinzufügen und zu einer gebundenen Sauce pürieren. Gekühlte Marinade für Huhn, Rind- oder Schweinefleisch verwenden.

Rancho Barbecue Sauce

Eine typische Barbecuesauce (allgemein BBQ abgekürzt), wie sie im Supermarkt in der Flasche angeboten wird und einer echten texanischen BBQ Sauce sehr ähnlich ist. Sie können die Rancho unter Zugabe von Jalapeño Chilis aufpeppen. Chipotle Chilis geben der Sauce einen rauchigen Geschmack. In Amerika läßt sich auch „Smoke in a Bottle" erwerben, eine Sauce, die oft zur eigenen Sauce hinzugefügt wird, um einen kräftigen Räuchergeschmack zu bekommen.

Das Gemüse in Olivenöl in einem schweren, mittelgroßen Suppentopf auf mittlerer Flamme garschmoren. Restliche Zutaten hinzugeben und ca. 1 Stunde ziehen lassen, gelegentlich umrühren. Sauce kann bis zu einer Woche im Kühlschrank aufbewahrt werden. Zu Rind- oder Schweinefleisch, anderem dunklen Fleisch und für BBQ Huhn verwenden. Sollten die Gemüsestücke auch nach langer Kochzeit noch zu groß sein, können Sie die Sauce ohne weiteres im Mixer pürieren.

2 EL Olivenöl
1 mittelgroße braune Zwiebel, gehackt
3 Stangen Sellerie, klein geschnitten
2 kleine Karotten, klein geschnitten
1 grüne Paprika, klein geschnitten
2 Knoblauchzehen, gepreßt
2 Jalapeños (wahlweise)
375 ml pürierte Tomaten in Saft aus der Dose
125 ml Melasse (Zuckerrohr- oder -rübensirup)
100 g brauner Zucker
60 ml Balsamico-Essig oder Rotweinessig
60 ml Ketchup
1 EL Worcestershire Sauce
1 EL Dijon Senf
1 TL Hot Sauce (oder Tabasco)

Thai-Zitronengras-Marinade
Thai Lemongrass Marinade

Diese Marinade eignet sich gut für weiches, eher zartes Fischfleisch wie Seezunge oder Forelle und für jede Art von Geflügel. Zitronengras ist eine schalotten- oder lauchähnliche Kräuterart mit stark aromatischem Zitronengeschmack. Es wird frisch im Bund oder einzelnen Stengeln oder getrocknet als flockiges Pulver verkauft. Zitronengras paßt gut zu Knoblauch, Schalotten, Chilischoten, Cilantro oder Koriander und wird oft in der asiatischen Küche, vor allem in Thai, verwendet. Bei Verwendung von frischem Zitronengras schneiden Sie bis zu ⅔ des grünen Blattendes ab und verwenden Sie nur das untere, helle Ende. Die äußere Haut abpellen, das Wurzelende entfernen und den Stengel in dünne Scheiben schneiden.
Trockenes Zitronengras in einer kleinen Schüssel in etwas Wasser ca. 30 Minuten einweichen und dann abgießen. Frisches Zitronengras wie oben zubereiten und mit den anderen Zutaten in einen Mixer geben und pürieren bis gut gebunden. Mit Salz und Pfeffer abschmecken und Huhn oder Fisch mehrere Stunden marinieren. Übriggebliebene Marinade beim Grillen auf das Fleisch streichen.

2 TL getrocknetes Zitronengras oder
2 Stengel frisches Zitronengras
3 EL Zitronen- oder Limonensaft
1 handvoll oder ein halbes Bund frischer Cilantro, gehackt
2 EL Frühlingszwiebeln oder Schnittlauch, dünn geschnitten
¼ TL gemahlenes Cayennepulver oder geschrotete rote Chilischoten
1 TL Zucker
4 EL Oliven- oder Pflanzenöl

Zum Grill

Gegrillter Lachs in Curry-Honig-Marinade
Curry Honey Grilled Salmon

Lachs für Leute, die diesem Fisch normalerweise nicht viel abgewinnen können. Verwenden Sie für dieses Rezept entweder Filets oder Lachssteaks. Lassen Sie die dicke Schuppenhaut ruhig am Fisch, da sie den Fisch über der Hitze des Grills zusammenhält und teilweise schützt. Die Haut kann beim Verzehr leicht abgetrennt werden.

4 Lachsfillets oder Steaks
Curry-Honig-Marinade

Vinaigrette:
2 EL Balsamico-Essig
1 TL Honig
2 EL Olivenöl
2 EL gehackter Cilantro
2 EL fein gehackte Frühlingszwiebeln

Fisch unter laufendem Wasser abspülen und mit Küchenpapier trockentupfen. Die Curry-Honig-Marinade in eine große Glasform gießen. Fisch hineinlegen und wenden, damit er von beiden Seiten mit Marinade bedeckt ist. Form abdecken oder mit Klarsichtfolie verschließen und 1 bis 4 Stunden im Kühlschrank aufbewahren. Rühren Sie in der Zwischenzeit die Vinaigrette zusammen, die bis zum Gebrauch im Kühlschrank aufbewahrt werden kann.
Lachs aus der Marinade heben, die Sie nun nicht mehr brauchen werden. Die Lachsstücke in mind. 10 cm Abstand von den glühenden Kohlen ca. 5 Minuten pro Seite grillen oder bis das Fischfleisch von alleine beginnt aufzubrechen. Die Grillzeit ist von der Dicke der Steaks und Ihrem Geschmack abhängig. Legen Sie den Lachs auf die Teller und geben Sie einen Eßlöffel Vinaigrette darauf. Sofort servieren.

Lammkeule in saurer Sahne und Rosmarin
Sour Cream and Rosemary BBQ Lamb

1 Lammkeule, ohne Knochen, „butter-flied" (d. h. aufgeschnitten und in gleiche Teile aufgeklappt) und entsehnt, überschüssiges Fett falls vorhanden entfernen (ca. 2 bis 2½ kg)
125 ml saure Sahne
2 EL frische Petersilie, gehackt
1 TL getrockneter Oregano
½ TL gemahlener schwarzer Pfeffer
4 Knoblauchzehen, gepreßt
2 TL Rosmarin, am besten frisch
1 TL Salz

Die Lammkeule am besten vom Fleischer/Metzger vorbereiten lassen. Alle Sehnen, Häute, Knochen entfernen und aufschneiden, so daß es aufgeklappt wie Schmetterlingsflügel aussieht („butterfly"). Die saure Sahne in einer kleinen Schüssel mit übrigen Zutaten verrühren. Marinade über sämtliche Fleischstücke streichen. Das Fleisch in eine große flache Bratenpfanne oder Bratform legen, in der es nicht zu eng liegt. Mit Wachspapier abdecken. 4 Stunden bis max. 2 Tage gekühlt marinieren.
Je länger das Lammfleisch mariniert wird, desto zarter wird es.
Den Holzkohlengrill vorbereiten, bis die Kohlen rot glühen und sich weiße Ascheränder bilden. Den Rost im Abstand von ca. 10 cm zu den Kohlen anbringen. Lammkeule auf den Rost legen und möglichst abdecken. Sollte Ihr Grill keinen Deckel haben, verwenden Sie Alufolie. 20 Minuten pro Seite grillen, abhängig von der erzeugten Hitze Ihres Grills, sonst länger. Lamm in dünne Scheiben schneiden und servieren.

Der Kalifornische Hamburger
The California Burger

Hamburger sind „a way of life", in Kalifornien wie in den restlichen USA. Und im Gegensatz zum Fast-Food-Restaurant, von denen mittlerweile vor Ihrer Haustür, wie auf dem ganzen Erdball, wirklich genug stehen, ist ein *homemade Hamburger* einfach klassisch und niemals zu verachten. Der California Burger ist eine exklusiv jazzige Variante. Sie können Ihre Burger auch ohne Zutaten aus purem Rinderhack formen. Formen Sie das Hackfleisch zu festen Frikadellen (allerdings flacher), die dann auf dem Barbecue gegrillt und dabei mit Barbecue Sauce bestrichen werden. Den Hamburger im Brötchen, samt allen Zutaten und Saucen, Salat und allem drum und dran servieren. Stapeln Sie ihn so hoch auf, daß Sie ihn kaum mit beiden Händen zusammenhalten können.

Hackfleisch, gehackte Paprika und Zwiebeln in eine große Schüssel geben. Die Brotscheibe zerkrümeln und zum Fleisch geben. Das Ei in einer separaten Schüssel schlagen, den Senf, Worcestershire Sauce und Sojasauce hinzugeben und gut verrühren. Über die Fleischmischung gießen und mit den Händen oder einem Holzlöffel gut verkneten. Die Mischung zu großen Kugeln formen, mit der Handfläche flachdrücken und die Ränder glattpressen. Die Burger sollten möglichst in sich und insgesamt gleich dick sein. Auf einen Teller stapeln (Plastikfolie dazwischen).

Die Hamburger möglichst nahe, etwa 5 cm über den Kohlen grillen. Die den Kohlen abgewandte Seite des Burger mit Barbecue Sauce bestreichen, z. B. der Rancho Sauce. Je nach Geschmack solange grillen, bis der Burger „raw" (noch roh in der Mitte), „medium" (halbdurch) oder „well-done" (durch) ist, ca. 5 bis 10 Minuten pro Seite. Kurz bevor Sie den Hamburger vom Grill nehmen, legen Sie wahlweise eine Scheibe Käse zum Schmelzen auf die Oberseite.

Bereiten Sie in der Zwischenzeit ein Buffet mit Zutaten vor, damit jeder sich nach Belieben auftürmen kann: In hauchdünne Scheiben geschnittene rote Zwiebeln, Tomatenscheiben, Salatblätter (am besten Eisbergsalat), Avocadoscheiben, gegrillte oder geröstete Speckstreifen, eingelegte Jalapeños, gegrillte oder flammengeröstete Paprikascheiben, kurz gegrillte Ananasscheiben oder ganze, kurz gedünstete Champignons. Ketchup, Senf und Mayonnaise natürlich nicht vergessen. Hamburger sollten mit großen, runden, möglichst weichen Brötchen (da sonst unhandlich) serviert werden.

Für den Hamburger:
1 kg feinstes Rinderhack (am besten aus Sirloin Steak, mit minimalem Fettgehalt)
1 grüne Paprika, fein gehackt
1 mittelgroße braune Zwiebel, fein gehackt
1 Scheibe Weißbrot
1 Ei geschlagen
1 EL Dijon Senf
1 EL Worcestershire Sauce
1 TL Sojasauce

Verrückte Spieße
Kooky Kebabs

Rezept für 8 Spieße, 2 pro Person:
500 g Rindersteak, am besten Tenderloin
(zartes Lendenstück) in 2–3 cm breite
Würfel geschnitten
16 Ananasstücke (ca. 2 cm dick),
frisch oder aus der Dose
16 Trockenpflaumen (entsteint)
16 ganze Cocktailtomaten
16 große Champignons
1 grüne oder rote Paprika,
jeweils in 8 große Stücke geschnitten
½ Aubergine, gewürfelt
2 rote Zwiebeln, geviertelt

In einem Spieß lassen sich Fleisch, Obst und Gemüse bestens verbinden – auf Reis serviert ergibt es eine ausgewogene Mahlzeit. Von Obst bis zu Krabben läßt sich alles bestens grillen, verwenden Sie einfach, was Ihnen zu jeder Jahreszeit zur Verfügung steht.

Fleisch, Obst und Gemüse immer abwechselnd (auf Farbzusammenstellung achten) auf Metallspieße aufreihen. Bei Verwendung von Holzspießen sollten diese vorher 30 Minuten in Wasser eingeweicht werden. Spieße in eine flache Glasschale legen und mit einer leichten Marinade oder Vinaigrette begießen. Hierfür eignet sich eine Vinaigrette aus frischem Basilikum. 2 Stunden marinieren, alle halbe Stunde einmal wenden.

Holzkohlengrill vorbereiten. Spieße auf den Rost legen und während des Grillens mit Marinade bestreichen. Grillzeit beträgt ca. 10 Minuten, zwischendurch Spieße drehen und immer neu bestreichen. Mit Reis servieren.

Sandwiches

Sandwiches sind in Kalifornien wie im Rest der USA ein beliebter Lunch oder leichtes Mittagessen. Der traditionelle *homemade* oder *Deli Sandwich* besteht aus 2 Scheiben Brot, die mit Mayonnaise und Senf bestrichen sind und bis zu 8 cm unterschiedlichste Füllung, Aufschnitt, Käse und Salat, enthalten – kein dünn belegtes Brot, was man erst aufklappen muß, um zu sehen, was dazwischen liegt. Der neueste Trend ist, die Liste der Zutaten endlos zu erweitern: Mayonnaise mit Pesto verrührt, Foccaccio statt Schnittbrot, und Obst, z. B. Ananas, Nüsse oder Pistazien.

Gegrillter Sommer-Sandwich
Grilled Summer Sandwich

2 rote Paprika
2 Hähnchenbruststücke, ohne Knochen
4 große Scheiben Ananas
4 große, längliche Brötchen
2 EL Mayonnaise
8 hauchdünne Scheiben Schweizer Käse

Dieser Sandwich bedarf etwas mehr Vorbereitung; die Mühe lohnt sich allerdings.
Grill vorbereiten bis die Kohlen rot glühen und sich weiße Ascheränder gebildet haben. Die Paprika grillen bis sie schwarz angekohlt sind, dann in eine Papiertüte geben und diese gut verschließen. Die verkohlte Haut der abgekühlten Paprikas sowie Stiele und Kerne entfernen und die Paprika teilen, so daß Sie vier große Stücke haben.

Hühnerstücke mit einem Fleischhammer flach klopfen und jedes Bruststück einmal teilen, so daß sie 4 Stücke ergeben. Huhn ca. 5 bis 8 Minuten pro Seite grillen, bis es gar, aber noch zart ist. Sobald das Huhn auf dem Grill gewendet werden kann, geben Sie die Ananasscheiben auf den Grill und rösten sie solange, bis die Ananas mit Grillstreifen gezeichnet ist.

Die Brötchen aufschneiden und dünn mit Mayonnaise bestreichen. Das Huhn, zwei Scheiben Käse, Ananasscheibe und Paprika hineinlegen und sofort servieren.

Bagel mit Truthahn und frischem Basilikum
Bagels with Turkey and Fresh Basil

Bagel, sonst zum Frühstück mit Philadelphia bestrichen, eignen sich auch gut als Sandwich. Bagel (sprich Bä'egel), eine Spezialität jüdischer Einwanderer, werden aus Hefeteig geformt, sind rund wie ein Reifen oder ein *Doughnut* mit einem Loch in der Mitte. Sie werden erst in ein Dampfbad gegeben und dann braun und knusprig gebacken. Der Bagel wird dann quer halbiert.

Mayonnaise und Chipotles verrühren und auf die Bagel streichen. Mit Truthahn, Käse, Tomaten und Basilikum belegen, mit dem oberen Bagel bedecken.

4 Bagel, quer aufgeschnitten
2 EL Mayonnaise
2 TL Chipotle Chilis in Sauce,
klein geschnitten
100 g Truthahnbrustaufschnitt
100 g Schweizer Käse, dünn geschnitten
1 große Tomate, in Scheiben
frische Basilikumblätter

Kalifornischer Club-Sandwich
California Club

Ein *Club Sandwich* besteht gewöhnlich aus drei Scheiben Brot, wobei eine Seite mit geröstetem Schinkenspeck, und die andere mit Huhn oder Aufschnitt belegt ist. Der Sandwich wird dann zweimal diagonal geschnitten. Wir haben Foccaccio verwendet, hier reichen 2 Scheiben, Ober- und Unterseite, aus.

Schinken braten und gut auf Küchenpapier abtropfen lassen. Wenn Sie keinen ahorngebeizten oder -geräucherten Schinken finden, können Sie ihn wie folgt selbst zubereiten: Ofen auf 175 °C vorheizen. 150 g dunklen braunen Zucker mit 60 ml Ahornsirup verrühren, den Schinken darin wenden und auf ein Rost oder unter den Grill legen und rösten bis der Schinken goldbraun ist, etwa 8 Minuten pro Seite. Abkühlen lassen.

Sandwiches:

Foccaccio in 4 Quadrate schneiden, etwa 12 x 12 cm und dann quer aufschneiden. Beide Seiten mit Pesto Mayonnaise bestreichen und mit Schinken, Huhn, Tomate und Salatblatt belegen.

1 flaches Foccaccio Brot
Pesto Mayonnaise
8 Scheiben ahorn-gebeizter Schinken
2 gegrillte Hähnchenbruststücke, dünn
geschnitten
1 Tomate, in 8 Scheiben geschnitten
4 zarte Salatblätter, z. B. grüner Kopfsalat

Pesto Mayonnaise:
4 EL Mayonnaise mit 4 TL Pesto Ihrer
Wahl (z.B. Cilantro oder Basilikum)
verrühren

Tortilla-Rollen
Chockfull Tortilla Rolls

8 große Weizen-Tortillas
(oder 4 Pita Brote)
hauchdünn geschnittener Aufschnitt,
wie Truthahnbrust, fettarmer Schinken
oder Pastrami oder Rindfleisch
2 Tomaten, in dünnen Scheiben
1 bis 2 Salatgurken, je nach Größe,
geschält und in dünne Scheiben geraspelt
1 Avocado, geschält und in dünne
Scheiben geschnitten
Alfalfasprossen
Joghurt
Salsa

Eine geringe Menge herkömmlicher Zutaten ergeben Dutzende von diesen Sandwich-Rollen. Niemand wird hiervon nur eine essen, bereiten Sie daher ruhig etwas mehr vor.

Tortilla ganz kurz erwärmen, dann über offener Flamme auf eine Arbeitsfläche legen. Streichen Sie auf jede je 1 TL Joghurt und Salsa. Aufschnitt dünn darauf legen, gleichmäßig mit hauchdünnen Tomaten-, Gurken-, Avocadoscheiben bedecken und Alfalfa daraufstreuen. Tortilla von einer Seite aus aufrollen und je nach Größe der Tortilla in der Mitte durchschneiden oder die Enden gerade abschneiden, damit der Inhalt sichtbar bleibt. Tortilla Roll sollte in der Hand gegessen werden. Ersetzen Sie für Vegetarier den Aufschnitt durch Käse.

Thunfischsalat mit Mandeln
Tuna Salad with Almonds

175 g Thunfisch, aus der Dose,
möglichst in Wasser und nicht in Öl,
gut abgetropft
2 Frühlingszwiebeln, grob gehackt
3 EL Mandelscheiben, geröstet
½ rote Paprika, klein gewürfelt
1–2 EL Mayonnaise
1 TL Dijon Senf
1 TL Balsamico-Essig
Salz und Pfeffer
¼ TL Wasabi (wahlweise)
1 Tomate, in Scheiben
Blattsalat

Thunfisch aus der Dose dient, in Verbindung mit Mayonnaise, als eine der beliebtesten Sandwichfüllungen. Hier eine andere Variante:
Thunfisch in eine kleine Schüssel geben und mit der Gabel auflockern. Die anderen Zutaten hinzugeben und mit einem Löffel untermischen. Abschmecken und auf kleine Brötchen, wie z. B. Rosemary Rolls, auftragen. Mit Tomatenscheiben und Salatblättern belegen.
Lassen Sie als Alternative die Mandeln und den Wasabi weg, ersetzen Sie die rote durch eine grüne Paprika und streichen Sie die Thunfischfüllung auf Sourdough-Brotscheiben (Sauerteigbrot). Mit eingelegten, abgetropften getrockneten Tomaten und frischen Basilikumblättern belegen und offen, ohne zweite Brotscheibe, servieren.

Grüne Mandeln, Stansilaus County, Central Valley

Salate

Kalifornisch-chinesischer Hühnersalat
Chinese Chicken Salad

Dieser Salat ist so gut wie auf jeder kalifornischen Speisekarte zu finden. Jedes Restaurant serviert ihn anders, da seine Zutaten unendlich variierbar sind. Statt Erdnüssen können Sie Mandeln, statt Eissalat *Napa Cabbage* oder Romaine verwenden und so gut wie jedes andere Gemüse hinzugeben. Sie können den Salat mit knusprigen chinesischen Nudeln, fritierten Wonton- oder Frühlingsrollenstreifen anstelle von fritierten Glasnudeln garnieren. Was sämtliche Varianten dieses immer unterschiedlichen Salates verbindet, ist die kräftige Sesamöl-Salatsauce.

4 Brustfleischstücke vom Huhn,
ohne Knochen
Öl (für fritierte Nudeln)
1 kleiner Block getrocknete Glasnudeln
1 grüne Gurke, in hauchdünne Scheiben
geschnitten
10 Wasserkastanien, in dünne Scheiben
geschnitten
200 g Sojasprossen, gewaschen
Zuckererbsen, Enden und Fäden entfernen
1 große Karotte, geraspelt
4 Frühlingszwiebeln, dünn geschnitten
1 Kopf Salat (Romaine, Kopf- oder
Eissalat, oder Lollo Rosso)
30 g geröstete, gesalzene Erdnüsse,
grob gehackt
frischer Cilantro

Ingwer-Sesam-Vinaigrette (siehe Seite 112)

Die Hühnerstücke mindestens 1 Stunde (am besten über Nacht im Kühlschrank) in Ingwer-Sesam-Vinaigrette oder einer anderen Marinade Ihrer Wahl marinieren. Holzkohlen vorbereiten, bis sie rot glühen und weiße Ascheränder bilden. Huhn aus der Marinade nehmen und auf dem Rost je nach Dicke der Bruststücke 5–10 Minuten pro Seite grillen. Abkühlen lassen und in dünne Streifen schneiden. Die Hühnerstücke können natürlich auch auf dem Küchengrill oder im Ofen zubereitet werden.

Gießen Sie ausreichend Erdnußöl in eine Wok-Pfanne, bis der Boden bis zu 5 cm mit Öl bedeckt ist. Das Öl erhitzen, die Glasnudeln in ca. 5 cm lange Stücke brechen und ins heiße Öl geben. Sie werden sofort aufgehen und weiß werden. Die Nudeln mit einer gelöcherten Schöpfkelle herausnehmen und auf eine Schicht Küchenpapier zum Abtropfen geben. Kochen Sie nicht zuviele Glasnudeln auf einmal in der Pfanne, da sie sonst ungleichmäßig garen.

Geschnittene Gurke, Wasserkastanien, Sojasprossen, Zuckererbsen, geraspelte Karotten und Frühlingszwiebeln in eine große Schüssel geben. Den Blattsalat waschen, trocknen, in bißgroße Stücke brechen oder reißen, auf das Gemüse legen und mit Ingwer-Sesam-Vinaigrette beträufeln und wenden. Den Salat auf vier großen Tellern verteilen. Die Hühnerstreifen am Tellerrand entlang legen, die Glasnudeln oben auf den Salat geben und mit gehackten Erdnüssen und frischem Cilantro garnieren. Stellen Sie die Ingwer-Sesam-Vinaigrette dazu, falls Sie sich nachnehmen möchten.

Spinat und Schafskäse
Spinach and Feta Cheese Salad

Verwenden Sie hierfür möglichst frischen Blattspinat. Für ein Lunch-Gericht geben Sie eine Büchse Thunfisch hinzu und reichen Sie herzhaftes Brot dazu.

Zutaten für die Vinaigrette in eine große Salatschüssel geben und mit einer Gabel oder einem Schneebesen verrühren und mit Salz und Pfeffer abschmecken.
Spülbecken mit Wasser füllen und den Blattspinat darin waschen. Die Blätter im Wasser wenden, damit aller Sand hinausgewaschen wird. Blätter eins nach dem anderen herausnehmen, abspülen, trocknen und in bißgroße Streifen reißen. Spinat, Schafskäse, Pilze, Zwiebeln und Oliven in die Vinaigrette geben und wenden.

1 EL Olivenöl
2 EL Balsamico-Essig
1 EL Joghurt
2 TL Dijon Senf
1 TL Honig
Salz und Pfeffer
1 Bund Blattspinat (500 g)
50 g Schafskäse, gewürfelt
8 kleine Champignons, in Scheiben geschnitten
½ kleine rote Zwiebel, in hauchdünne Scheiben geschnitten
8 Kalamata Oliven

Bataviasalat mit roten Zwiebeln und Fenchel
Redleaf Lettuce with Red Onions and Fennel

Vinaigrette in einer großen Salatschüssel zubereiten. Salat waschen, trocknen und in bißgroße Stücke reißen. Rote Zwiebel hauchdünn schneiden und 15 Minuten in der Vinaigrette marinieren. Orange schälen, in Scheiben schneiden und zur Zwiebel geben. Das Herz aus der Fenchelknolle trennen und entlang der Maserung dünn raspeln (oben/unten; nicht quer). Fenchel, Oliven und Salat in die Vinaigrette geben und wenden. Mit Pinienkernen garniert servieren.

3 EL Olivenöl
1 EL Rotweinessig
Salz und Pfeffer
1 Kopf Lollo Rosso
1 Orange, geschält
1 kleine rote Zwiebel
2 EL frischer Fenchel
8 Kalamata Oliven
3 EL Pinienkerne

Artischockenherzen mit frischem Basilikum
Artichoke Hearts with Fresh Basil

1 Glas marinierte Artischockenherzen
100 g weicher, frischer Mozzarella,
gewürfelt
2 mittelgroße Tomaten, gewürfelt
4 EL frischer Basilikum
25 g Prosciutto, fein geschnitten
4 Frühlingszwiebeln, geschnitten

Eine Kombination von italienischen Antipasti und marinierten Artischockenherzen. Verwenden Sie möglichst bereits in der Vinaigrette marinierte Artischocken, oder nehmen Sie die eingelegten Artischockenherzen aus dem Glas und geben Sie Ihre eigene Mischung von Knoblauch und Kräutern hinzu. Die Vinaigrette sollte als Salatsauce verwendet werden.

Die Artischockenherzen mit der Vinaigrette in eine mittelgroße Salatschüssel geben. Mozzarella würfeln, Tomaten schälen, Kerne entfernen und in kleine Würfel schneiden. Basilikum hacken und den Prosciutto fein zerschneiden. Frühlingszwiebeln in dünne Scheiben schneiden. Alles in die Schüssel geben und wenden. Vor Verzehr kalt stellen.

Tomaten, Avocado und Rucola Salat
Tomato, Avocado and Arugula Salad

400–500 g Rucola Salat
2 mittelgroße Tomaten
1 große, reife Avocado
Vinaigrette mit frischem Basilikum
(siehe Seite 113)

Rucola zeichnet sich, wenn großblättrig, durch einen herben, pfefferig-lakritzeähnlichen Geschmack aus. Die kleinen jungen Blätter sind zart und nussig. Außer als Salat läßt sich Rucola auch kochen oder kann als Kräutergewürz verwendet werden.

Die Vinaigrette mit frischem Basilikum zubereiten. Rucola waschen und die Stengel entfernen. Die Tomaten der Länge nach durchschneiden und dann in dünne Scheiben schneiden. Avocado halbieren, den Stein entfernen und die Avocadohälften noch einmal der Länge nach halbieren. Schale abziehen und die Viertel in dünne Scheiben schneiden; Sie können die Avocado einschneiden und das untere, breite Ende jedes Viertels intakt lassen, so daß die Streifen dekorativ wie ein Fächer liegen. Rucola Salat in etwa der Hälfte der Vinaigrette wenden, damit die Salatblätter gleichmäßig bedeckt sind. Auf vier Tellern verteilen, die Tomatenscheiben im Halbkreis auf dem Salat anordnen und die Avocadofächer ebenso dekorativ plazieren. Etwas mehr Vinaigrette auf die Tomaten und Avocado träufeln und servieren.

Ein „Kräutergarten" vor dem Haus

Romaine und Brunnenkresse mit Walnüssen und Birne

Romaine and Watercress with Walnuts and Pears

Vinaigrette:

3 EL Olivenöl
2 EL Himbeeressig oder Rotweinessig
1 EL Knoblauch, gepreßt
Salz und Pfeffer

2 handvoll Brunnenkresse
1 Kopf Romaine Blattsalat
3 EL Walnüsse, grob gehackt
1 reife Birne
65 g Gorgonzola

Sie können Gorgonzola wie Roquefort oder jeden anderen cremigen Blauschimmelkäse für diesen Salat verwenden. Unter Zugabe von gegrillten Hühnerfleischstreifen wird dieser Salat zu einem leichten Lunch.

Kresse und Salat waschen und trocknen, strohig-trockene Enden an den Salatblättern entfernen. Die Walnüsse grob zerhacken. Birne halbieren, ggf. schälen und in dünne Scheiben schneiden. Salatmischung in eine Schüssel geben und zerbröckelten Gorgonzola darüberstreuen. In Vinaigrette wenden und mit Birnenscheiben garnieren.

Salatsaucen

Ingwer-Sesam Vinaigrette
Ginger-Sesame Vinaigrette

1 EL frischer Ingwer, geschält und gepreßt
3 EL Reisweinessig
2 EL Sojasauce
1 Knoblauchzehe, gepreßt
⅛ TL gemahlener Cayennepfeffer oder geschrotete rote Chilis
2 TL Zucker
1 TL Honig
3 EL Pflanzenöl
3 EL Sesamöl
Salz und Pfeffer nach Geschmack

Dies ist die traditionelle Salatsauce für Chinese Chicken Salad. Sie dient als Marinade für das Huhn und als Salatsauce. Wenn Sie sie auch als Marinade verwenden wollen, sollten Sie die angegebenen Mengen verdoppeln.

Ingwer, Essig, Sojasauce, Knoblauch, Chilis oder Cayenne, Zucker und Honig in einer mittleren Schüssel verrühren. Das Öl und Sesamöl langsam dazugeben und mit einem Schneebesen oder einer Gabel gut unterrühren. Mit Salz und Pfeffer abschmecken und zu Chinese Chicken Salad servieren.

Vinaigrette mit frischem Basilikum
Fresh Basil Vinaigrette

Zitronensaft, Essig, Basilikum, Ingwer und Honig in einer Schüssel verrühren. Etwas Öl mit einer Gabel oder einem Schneebesen nach und nach unterrühren. Die Vinaigrette sollte sehr leicht sein. Abschmecken und ggf. Salz und Pfeffer hinzugeben. Kann bis zu 3 Tage im Kühlschrank aufbewahrt werden.

75 ml frisch gepreßter Zitronensaft
1 EL Weißweinessig
1 EL frischer Basilikum, fein gehackt
1 TL frischer Ingwer, gepreßt
1 TL Honig
75 ml Olivenöl, Salz und Pfeffer

Salatsauce ohne Öl mit Fruchtsaft
Healthy Non-Oil Fruit Juice Dressing

Die Zutaten in einen Mixer geben und mixen, bis sie gut gebunden sind. Abschmecken und, falls nötig, nachwürzen. In einem verschließbaren Glas oder einer Schüssel kann diese Salatsauce bis zu 1 Woche im Kühlschrank aufbewahrt werden. Zu Baby Greens Blattsalat reichen.

4 kleine Knoblauchzehen, gehackt
1 EL fein gehackte Zwiebel
2 EL Himbeeressig, 2 EL Reisweinessig
2 EL Rotweinessig
100 ml Obstsaft (Erdbeer, Birne
oder Ananas)
Saft einer Limone
½ TL Zimt, Koriander (Pulver), Karda-
mom oder gemahlene Nelken
Salz und Pfeffer (nach Geschmack)

Fettarme Schimmelkäse-Salatsauce
Low Fat Blue Cheese Dressing

Sehr gut zu jedem Blatt- oder grünem Salat, aber auch als Dip für rohes Gemüse wie Karotten, Staudensellerie, Champignons, Paprikastreifen, Cocktailtomaten, Broccoliröschen und anderem, was Sie gerne roh essen.

Zutaten mit Ausnahme von Sonnenblumenkernen und Pfeffer in eine Küchenmaschine oder einen Mixer geben. Gut verrühren und den gemahlenen Pfeffer unterheben. Sonnenblumenkerne auf den Salat und die Sauce streuen. Diese Salatsauce kann bis zu 2 Tage im Kühlschrank aufbewahrt werden.

80 ml teilentrahmte (fettarme) Buttermilch
80 g entrahmter Hüttenkäse
3 EL Schimmelkäse (Roquefort, Gorgonzo-
la oder Schafskäse, grob zerbröckelt)
2 EL Parmesan, gerieben
1 EL Weißweinessig
1 Knoblauchzehe, gepreßt
frisch gemahlener schwarzer Pfeffer
Sonnenblumenkerne

Nachos, Chips und Dips

Frische Gemüseplatte mit Crackern und Dip
Vegetables, Crackers & Dip

Frisches Gemüse, z. B. Karotten, Staudensellerie, kleine Champignons, Paprikastreifen, Radieschen, Cocktailtomaten, Broccoli- und Blumenkohlrosen, Gurkenstreifen, farblich abgestimmt auf eine große Platte legen und dazu Dips, Vollkorncracker, Brötchen oder frisches Landbrot reichen. Die bunte, gesunde, abwechslungsreiche Alternative zu Kartoffelchips und Salzstangen.

Spinat-Dip
Spinach Dip

125 g gefrorener Spinat, aufgetaut und gut abgetropft
2 EL saure Sahne
1 TL Mayonnaise
50 g geriebener Parmesan oder Romano
½ Knoblauchzehe, gepreßt
Salz und Pfeffer
1 TL fein gehackte Walnüsse

Zutaten (außer Walnüsse) in einer Küchenmaschine oder Mixer pürieren; falls die Mischung zu dick ist, mit Joghurt verlängern, bis sie die gewünschte Konsistenz hat. Walnüsse mit einer Gabel unterheben und Dip kalt stellen. Mit Crackern, Brot oder kleinen geputzten Champignons servieren.

Limone-Ingwer-Dip
Ginger Lime Dip

2 gehäufte EL Joghurt oder saure Sahne
2 gehäufte EL Ricotta
1 EL Limonenschale, gerieben
1 EL Limonensaft
1 EL Honig
frischer Ingwer, gepreßt (aus einem etwa 5 cm langen Stück Knolle)

Dip zusammenrühren, kalt stellen und mit Ananasscheiben, Cantaloupe, Honigmelonenstreifen oder Birnenstreifen servieren. Mit Limonen-Twists (Schale zu Löckchen raspeln) garnieren.

State Route 126, Ventura County

Erdnuß-Chili-Dip
Chili Peanut Dip

2 EL Erdnußbutter, mit Weißwein
verdünnt bis gut streichbar
1 bis 2 TL Chilipulver
100 g saure Sahne

Erdnußbutter in einem Stieltopf erhitzen und dabei Weißwein hinzugeben, bis die Butter geschmeidig ist. Chilipulver hinzugeben und gut unterrühren. Abschmecken, der Dip sollte jetzt ziemlich scharf sein. Auf Zimmertemperatur abkühlen lassen und die saure Sahne unterheben. Kalt stellen und mit Karotten, Selleriestücken oder Crackern servieren.

Mexikanischer Avocado-Dip
Guacamole

2 bis 3 reife Avocados mittlerer Größe
½ kleine rote Zwiebel, fein gehackt
1 bis 2 Jalapeños, entkernt und
fein geschnitten
1 Tomate, entkernt und klein gewürfelt
Saft einer Limone
Salz und Pfeffer, nach Geschmack
1 TL fein gehackter Cilantro

Guacamole, der mexikanische Avocado-Dip, wird als Beilage oder als Bestandteil von Gerichten wie Quesadillas, Tacos, Burritos und anderen mexikanischen Spezialitäten serviert. Am beliebtesten ist Guacamole als Dip zu Tortilla Chips. Guacamole sollte immer frisch zubereitet sein, da sie schon nach wenigen Stunden braun wird.
Tip: Je mehr Limonen- oder Zitronensaft in der Zubereitung verwendet wird, desto länger bleibt die Guacamole saftig grün.

Die Avocado schälen, oder der Länge nach teilen, Kern entfernen und das Fruchtfleisch in einer Schüssel mit einer Gabel oder einem Handmixer pürieren. Die Zutaten, außer dem Cilantro, dazugeben und mit Salz und Pfeffer abschmecken. Mit Cilantro garnieren.

Tortilla Chips

Tortilla Chips oder Taco Chips, wie sie in Deutschland oft genannt werden, werden aus Maistortillas gemacht. Tortilla Chips gibt es wie Kartoffelchips abgepackt zu kaufen, stehen aber in keinem Vergleich zu frischen Chips.

12 Maistortillas
Öl zum Braten oder Backen
Salz

Die Tortilla in acht Dreiecke schneiden. Öl in der Pfanne bis zum Sieden erhitzen. Mit einer Gabel oder Zange mehrere Tortilla Dreiecke gleichzeitig ins Öl geben und schnell braten. Wenn der Chip leicht braun wird, wenden und dann auf Küchenpapier abtropfen lassen und salzen. Warm servieren. Tortilla Chips können auch problemlos auf einem Backblech im Ofen aufgewärmt werden.

Nachos

Nachos sind mit Käse überbackene und garnierte Tortilla Chips. Dieses Gericht ist ein populäres Bargericht und ist auch bestens für Parties geeignet. Seine Popularität hat sich vom Westen und Südwesten der USA über das ganze Land verbreitet. Garniert werden Nachos meist mit Chilis (Jalapeños oder anderen marinierten Chilis), saurer Sahne, Guacamole und manchmal auch mit kleinen Hühnerfleischwürfeln oder gebratenem gehacktem oder fein geschnetzeltem Rindfleisch.

Tortilla Chips wie oben zubereiten und auf einem Backblech ausbreiten. Den Käse über die Chips streuen und Chilis darüber verteilen. Im Ofen bei 185–190 °C backen bis der Käse geschmolzen ist und Blasen schlägt (ca. 15 Minuten). Die Tomaten, Cilantro, saure Sahne und Guacamole auftragen und sofort servieren.

Gebackene Tortillas mit Käsefüllung
Quesadillas

Quesadillas werden aus Weizentortillas gemacht. Die Tortilla wird mit Käse und fein gehackten Chilis gefüllt und nur solange gebacken bis der Käse geschmolzen ist.

Den Ofen auf 175 °C vorheizen. Den Käse mit klein geschnittenen Chilistücken mischen. Die Tortillas auf ein Backblech legen, je nach Größe 2 bis 4 Tortillas pro Blech, und die Käsemischung auf einer Hälfte der Tortilla auftragen. Lassen Sie am Rand ca. 2 cm frei, sonst fließt der Käse aufs Backblech. Die Tortillas zuklappen und ca. 10 Minuten backen bis der Käse geschmolzen ist. Falten Sie die Tortilla-Halbmonde zu Vierteln und garnieren Sie sie nach Wunsch mit Cilantro, Tomatenwürfeln, saurer Sahne oder Guacamole. Sie können auch zwei Tortillas aufeinander backen und diese dann nach der Garzeit in Viertel oder Achtel schneiden.

225 g–250 g geriebener Käse
(am besten Monterey Jack, oder
ein ähnlicher milder Schnittkäse)
1 kleine Dose marinierte grüne Chilis
4 Weizentortillas

Scharfe Hühnerflügel
Hot & Spicy Chicken Wings

Gegrillte marinierte Hühnerflügel sind eine beliebte „Happy Hour" Vorspeise und werden in jeder Bar angeboten. Scharfe Chicken Wings werden häufig auch mit eisgekühltem Joghurt-Kräuter-Dip serviert. In diesem Rezept wird die scharf-pikante Sauce dazugereicht.

6 frische Jalapeños
3 EL Honig
75 g brauner Zucker
60 g weißer Zucker
60 ml Wasser
60 ml Reisweinessig
½ TL Currypulver
1 EL Senf
24 Hühnerflügel

Jalapeños waschen, in einen kleinen Topf geben und mit Wasser bedecken. Etwa 10 Minuten aufkochen, dann vom Feuer nehmen und abkühlen lassen. Stiele entfernen, der Länge nach auftrennen und die Kerne und die Innenhaut mit einem Löffel herauskratzen. Jalapeños in einen Mixer geben. Das Wasser zum Kochen bringen, die zwei Zuckersorten und Honig ca. 5 Minuten in einem schweren Topf hinzugeben und aufkochen, bis der Zucker sich aufgelöst hat. Kurz abkühlen lassen und die Flüssigkeit dann in den Mixer geben, zusammen mit Essig, Curry und Senf. Gut pürieren.

Hühnerflügel so gut wie möglich säubern und überflüssiges Fett oder Hautstücke abtrennen. Die knorpeligen Endstücke des Flügels abtrennen und den verbleibenden Flügel am Gelenk in zwei Teile schneiden. Flügelstücke in eine Schüssel legen, mit etwa ⅓ bis der Hälfte der Jalapeñosauce bedecken und die Flügel kurz wenden. Die Flügel dann nebeneinander in eine flache Backform legen, mit Folie abdecken und bis zu 2 Stunden im Kühlschrank marinieren.
In einem auf 200 °C vorgeheizten Ofen 45 Minuten braten, die Flügel dabei gelegentlich wenden. Mit dem Rest der Sauce als Dip, oder anderen Dips, servieren.

Chili Peppers

Chili Peppers sind neben ihrer attraktiv knallfarbigen Vielfalt auch in Form und Geschmack sehr unterschiedlich. Dieses ganz und gar nicht langweilige Gemüse ist ein Hauptbestandteil der mexikanischen Küche, wird frisch, eingelegt oder getrocknet verwendet und dient in den Southwest US Staaten oft als Hausschmuck (getrocknete rote New Mexico Chilis, die zu Kränzen oder am Seil zu einer Traube geknüpft in Küchen oder vor den Häusern hängen).

Selbst für die Chilischoten hatte auch in der deutschen Sprache der Irrtum von Kolumbus bei der Entdeckung Amerikas weitreichende Folgen. Da er meinte, in Indien gelandet zu sein, wurden fortan die nord-, mittel- und südamerikanischen Einheimischen fälschlicherweise als „Indianer" bezeichnet, was im Deutschen noch relativ vertretbar ist aufgrund des Inder/Indianer-Unterschieds. Im Englischen hingegen hießen beide „Indian", ob aus Neu Delhi oder vom Stamm der Iroquois oder Zuni. Heute werden sie dafür politisch korrekt *Native Indians* genannt.

Kolumbus ging auch davon aus, daß diese „Indians" mit dem gleichen Gewürz wie die Inder kochen, nämlich einem zerriebenen Pulver aus den Beeren der Piper Nigrum Pflanze, die aus Asien stammt. Mit Schale zermahlen ergibt die Beere schwarzen Pfeffer, ohne Schale weißen Pfeffer. Alle Chilis, fälschlicherweise Pfefferschoten benannt, sind Früchte der Capsicum Frutescens, und wachsen als grüne, gelbe, orange, hell- bis dunkelrote Schoten von unterschiedlichster Form und Schärfe. Sämtliche Chilischoten, zu denen auch die in Europa so beliebte Paprika gehört, stammen ursprünglich aus Amerika. Ihre Verwendung als Gewürz oder Gemüse lief wie ein Lauffeuer um den Erdball, denn vor Kolumbus Entdeckung Amerikas waren selbst in Indien, Thailand, der chinesischen Szechuan Küche sowie in Ungarn Chilischoten gänzlich unbekannt. Heute sind sie aus der Weltküche nicht mehr wegzudenken: Man stelle sich ein Gulasch ohne ungarisches Paprikagewürz, die Thai-Küche oder ein indisches Curry ohne Chilischoten oder deren Pulver vor!

Es gibt eine Chili-Skala, die alle Fans der *Chili Peppers* voller Enthusiasmus auf und ab probieren (untere Werte von milden Chilis liegen in einstelligen Ziffern – *hottest chili peppers* sind um 150 anzutreffen; ein stecknadelgroßes Schnipsel einer winzigen Schote verwandelt ein ganzes Essen in eine tränenfreudige Angelegenheit).

Grüne Chilis werden früher geerntet als rote und werden im Gegensatz zu Paprikas, nach längerer Zeit von alleine rot (aber nicht unbedingt besser). Gelbe und orange Paprika sind Züchtungen. Wenn Sie mit ganzen Chilischoten kochen, ist es ratsam, neben Stiel auch Kerne und Fasern oder Innenhäute der Chili vollends zu entfernen, vor allem, wenn Sie nicht ganz sicher sind, ob die Chili eventuell zu scharf ist für Ihren Geschmack, denn in diesen nebensächlichen Bestandteilen konzentriert sich, besonders in getrockneten Schoten, die Schärfe. *Nach der Zubereitung frischer und getrockneter Chilis unbedingt die Hände waschen, da das Öl unangenehm brennt, wenn es versehentlich z. B. in die Augen gerieben wird.*

Ancho

Anchos sind große, länglich trichterförmige getrocknete Schoten und in der Farbe tief dunkelrot bis braunschwarz. Sie sollten vor dem Kochen die Ancho entweder mit heißem Wasser aufgießen und ziehen lassen, bis sie weich geworden ist, oder sie im Ofen kurz rösten (einfach auf das Rost legen) bis die Chilischote aufgeht. Achten Sie darauf, daß sie nicht verbrennt. Nehmen Sie die Chili heraus und lassen Sie sie abkühlen. Sie ist jetzt hart geworden und läßt sich leicht aufbrechen. Entfernen Sie alle Kerne, Innenhaut und den Stengel und zermahlen Sie die Schote zu Pulver.
Anchos sind relativ mild, zeichnen sich aber durch einen kräftigen, leicht rauchigen Geschmack aus, der sich besonders gut in gekochten Salsas macht.

Bell Peppers

glockenförmig, meist grün oder rot, manchmal orange oder gelb. Die in Deutschland gebräuchliche Paprikaschote.

California/Anaheim

lange, schmale, frische grüne oder rote Schoten. Relativ mild, aber oft schärfer als die Poblano.

Chili Negros

auch als Pasilla Peppers bekannt. Lange, trichterförmige Chilischoten, die meist getrocknet verkauft werden. Durch das Trocknen werden sie schwarz. Chili Negros können anstelle von Anchos verwendet werden, sind allerdings schärfer und von intensiverem Geschmack.

Chipotle

getrocknete und geräucherte Jalapeños, tiefrot in der Farbe und von feuriger Schärfe, aber sehr geschmackvoll. Sie werden getrocknet oder in der Dose als „Chipotle in Adobo Sauce" verkauft. Die Sauce besteht aus Tomaten, Zwiebeln, Essig und Gewürzen. Die Schärfe der Jalapeño wird durch das Räuchern eher verstärkt, wobei das Räuchern der Schote aber einen noch besseren Geschmack verleiht. Sie eignet sich hervorragend für gekochte Salsa oder in Reis- oder Chiligerichten.

1   Jalapeño
2   Habanero
3   Serrano
4   California/Anaheim
5   Poblano
6   Bell Pepper

Guajillo

Guajillo Chilis sind getrocknete, dunkle, lange und ziemlich robuste Chilis von relativ milder Schärfe. Sie geben jedem Gericht einen eher süßlichen Geschmack.

Habanero

winzige, dicke Schoten in neongrün, -orange, -gelb. Hervorragend für die Dekoration einer Küche oder für die Obst- und Gemüseschale auf dem Eßtisch. Höchste Vorsicht beim Kochen: Habaneros sind schärfer als Jalapeños oder Serranos – für den Kenner ein seltener Genuß, für den Neuling: Finger weg.

Jalapeños

kleine grüne, dicke Chilischoten, nicht größer als der Daumen oder kleiner, mit herzhaft kräftigem Geschmack. In Kalifornien überall frisch oder in Dosen (in Scheiben geschnitten und mariniert) erhältlich. Die berühmteste Chilischote der mexikanischen Küche. Jalapeños (Hall'o'pen'jos) werden in fast jeder Salsa verwendet und dienen als Garnierung, z. B. auf Nachos. Sie sollten immer fein gehackt werden, selbst wenn sie in Scheiben aus der Dose kommen, denn Jalapeños sind scharf.

New Mexico Chili Pepper

mit Anaheim oder California Chili verwandt. Frisch: hellgrün; getrocknet: rot bis dunkelbraun. Werden auch in der Dose als „grüne Chilischoten" verkauft. Sind im Durchschnitt 10 cm lang, trichterförmig und etwa 3 bis 4 cm breit.

Poblano

große lange, trichterförmige grüne Chilischoten, die in der mexikanischen Küche meist auf offenem Feuer geröstet werden. Poblanos werden vor allem für *Chili Rellenos* verwendet, wobei sie mit Käse gefüllt oder überbacken und mit Granatapfelkernen oder Salsa garniert serviert werden. Rösten Sie die Schote in der offenen Flamme bis die Haut schwarz wird, Schote in einer Papiertüte abkühlen lassen und pellen. Poblanos sind mild.

Serrano

kleine, längliche, grüne oder rote Chilischote, die die Jalapeño ersetzen kann. Serranos sind manchmal länger, oft allerdings kleiner und viel dünner als Jalapeños. Werden frisch verwendet. Kerne entfernen und fein zerhacken. Serrano sind schärfer als Jalapeños (2 bis 3 kleine Jalapeño können eine Serrano ersetzen).

Poblano Chilischoten mit Apfel-Birne-Salsa
Chili Rellenos with Apple-Pear Salsa

Für traditionell mexikanische Chili Rellenos (sprich: Reh-jeno's) werden Poblano Chilis nach dem Rösten über der offenen Flamme in Eierkuchenteig getaucht, fritiert und anschließend mit scharfer roter Chilisauce oder aber mit Granatapfelkernen serviert. Kalifornische Rellenos werden häufig in Restaurants als Vorspeise gereicht. Fritieren ist passé, stattdessen wird die Chili mit Käse gefüllt, im Ofen gebacken und mit frischer, fettarmer Salsa serviert. Manchmal werden statt der großen Poblanos auch kleine Jalapeños verwendet, was das Gericht sehr viel schärfer macht.

Chilis etwa 4 bis 5 Minuten pro Seite auf Grill rösten bis die Haut gleichmäßig schwarz ist und Blasen schlägt. Achten Sie darauf, das Fleisch nicht anzubrennen. Chilis in eine Schale legen und mit Klarsichtfolie abdecken. Nach 15 Minuten sollten die Chilis abgekühlt sein, entfernen Sie jetzt die verbrannte Haut mit der Hand oder einer Messerspitze. Mit dem Messer in das spitze Ende der Schote einschneiden und die Schote der Länge auftrennen. Kerne und Innenhaut vorsichtig herauskratzen.

Ofen auf 175 °C vorheizen. Zwei Scheiben, Würfel oder Stangen Käse in die Chili legen und etwas Schimmelkäse darüberstreuen. Chili um den Käse wickeln und mit der Schnittstelle nach unten in eine leicht gefettete Backform legen. Die restlichen Chilis gleichermaßen füllen und ca. 10 Minuten im Ofen backen, bis der Käse geschmolzen ist und Blasen wirft. Mit Salsa garniert servieren.

Salsa:
Öl in einer mittelgroßen Pfanne erhitzen und Zwiebel, Knoblauch und Jalapeño dünsten bis weich. Apfel und Birne hinzugeben und 5 Minuten dünsten. Dann Trockenobst, Tomate und Cumin hinzugeben und weitere 5 Minuten dünsten. Limonensaft darüber träufeln, Cilantro hinzugeben und vorsichtig wenden. Nach Bedarf mit Salz und Pfeffer abschmecken und bis zum Servieren warm halten.

Chilis
8 große Poblanos
200 g Käse, am besten eine Mischung
aus mildem, weißen Käse, altem Cheddar
und etwas Blauschimmelkäse

Salsa
2 TL Pflanzenöl
½ kleine weiße Zwiebel, gehackt
1 Knoblauchzehe, gepreßt
1 frische grüne Jalapeño,
entkernt und fein gehackt
1 grüner Apfel, geschält,
entkernt und klein geschnitten
1 Birne, geschält,
entkernt und klein geschnitten
3 EL Trockenobst (Rosinen,
Cranberries oder Kirschen (ca. 20 g)
1 Tomate, gewürfelt
¼ TL gemahlener Cumin
20 g frischer Cilantro, grob gehackt
Saft einer kleinen Limone oder ½ Zitrone

Rote scharfe Chilisauce
Red Chili Sauce

1 große Dose ganze Tomaten, abgetropft
2 ganze Knollen Knoblauch
1 Ancho Chili
1 getrocknete New Mexico Chili
2 getrocknete Chipotle Chili
1 Guajillo Chili
1 TL Oregano
½ TL gemahlenes Cumin
Salz und Pfeffer

Den Ofen auf 180 °C vorheizen. Den Knoblauch ganz mit Schale in den Ofen, entweder aufs Rost oder aufs Backblech legen und ca. 20–40 Minuten backen bis sie weich sind. Die Chilis auf ein anderes Backblech legen und ungefähr 3 Minuten backen, bis sie aufgehen. Achten Sie darauf, daß sie nicht verbrennen. Chilis abkühlen und dann aufbrechen, die Kerne herausschütteln. Den Stiel abnehmen und wegwerfen. Chilis mit Oregano in einen Mixer geben und mixen bis sie zu Pulver werden. Die Haut von den garen Knoblauchzehen abpellen. Den Knoblauch in den Mixer geben zusammen mit den Tomaten, pürieren. Cumin, Salz und Pfeffer hinzutun und die Mischung in einen Topf gießen, ca. 20 Minuten auf mittlerer Flamme erhitzen, aber nicht kochen lassen.

Traditionelle Salsa und ihre scharfe Variante
Traditional Salsa & Salsa Picante

Traditionell:
4 mittelgroße Tomaten,
in kleine Würfel geschnitten
½ Zwiebel, fein gehackt
4 TL frischer Cilantro, Stiele entfernt und
Blätter grob gehackt (⅓–½ Bund)
1 bis 2 frische Jalapeños, fein gehackt
Essig (nach Geschmack)
Salz

Salsas werden als würziger Dip zu Tortilla Chips oder als Zugabe zu jedem mexikanischen Gericht gereicht.

Zutaten in einer Schüssel mischen und gekühlt zu Tortilla Chips reichen.

Picante:
4 mittelgroße Tomaten (etwa 500 g)
½ kleine rote Zwiebel
4 TL Cilantro, grob gehackt
3 Knoblauchzehen, gehackt oder gepreßt
1 bis 2 Chipotle Chilis (aus der Dose)
oder 1 oder 2 Serrano oder Jalapeños
Salz
Reisweinessig nach Geschmack

Die Tomaten waschen und in kleine Würfel schneiden. Die Zwiebel, Cilantro und Knoblauch mit einem EL der Tomaten für 20 Sekunden im Mixer pürieren, dann den Rest der Tomaten dazugeben und nur kurz pürieren, damit die Mischung noch „Biß" hat.
Die Chilis klein hacken und der Sauce beigeben. Salsa mit Salz abschmecken und ¼ TL Essig dazugeben, um den Geschmack zu intensivieren (ergibt ½ bis ¾ Liter Salsa).
Die Salsa Picante ist rot, scharf und pikant.

Chili

Chili con Carne aus Bohnen, Rindfleisch, Tomaten und zermahlenen Chilischoten ist der traditionelle Eintopf Süd-, Nord- und Mittelamerikas.

Wie alle Eintöpfe, die letztendlich aus dem Bedürfnis entstanden, eine gehaltvolle Mahlzeit für viele ohne großen Zeitaufwand oder Kosten zu schaffen, war Chili, ursprünglich eine *Native American* Spezialität, wurde dann aber auch bei den Cowboys am Lagerfeuer oder auf den Farmen von Argentinien bis Texas beliebt.

Die Grundzutaten des *Chili con Carne* mit Ausnahme des europäischen Rinds entstammen wie auch die Kartoffel oder Mais dem amerikanischen Kontinent und traten im Laufe der vergangenen 500 Jahre ihre ruhmreiche Reise um den Erdball an. Es ist rätselhaft, wie die europäische Küche ohne die Entdeckung Amerikas aussähe, beispielsweise Italien ohne Tomaten oder ganz Europa ohne die Kartoffel.

Wie beim Currypulver handelt es sich beim Chilipulver um eine fein abgestimmte Mischung aus gemahlenen Chilischoten, Gewürzen und Kräutern. In unserem *Black Bean Chili*-Rezept können Sie Ihr Chilipulver selbst per Hand mahlen und mischen. Dieses Chilipulver wird jedes aus dem Supermarktregal erworbene wenigstens soweit übertreffen, daß Ihnen beim Geruch des frisch zubereiteten Pulvers auffällt, wie lange die verpackte Sorte auf Ihren Kauf wartete.

Chili ist bei weitem nicht auf traditionelle Zutaten begrenzt. Zum einen läßt sich die Konsistenz von dickem Eintopf, à la Lagerfeuer, bis zur schmackhaften fettarmen Suppe variieren, zum anderen ist Fleisch wirklich ein nebensächlicher Bestandteil des Ganzen. Die Vielfalt von frischem Gemüse zu jeder Jahreszeit sollte jeden Hobbykoch reizen, neue und auch vegetarische Chili-Varianten zu erfinden. Chili muß auch nicht immer tomatenrot sein: *Chili Verde* wird aus Tomatillos, geschnetzelter Paprika, bestem Schweinefleisch oder Huhn und süß-herzhaften Gewürzen zubereitet.

Letztendlich läßt sich Chili auch ideal durch verschiedenste Bohnenarten variieren. Rote *Kidney Beans* behalten sehr gut ihre Form und somit konstante Bißfestigkeit auch nach längerer Kochzeit. Sie haben einen dezenten Eigengeschmack, der zum traditionellen *Chili con Carne* gehört. Kleine weiße Bohnen sind mild im Geschmack und eignen sich daher gut für milde oder vegetarische Chilis. Schwarze Bohnen, ursprünglich aus der Karibik, und besonders in Kuba mit Olivenöl und Knoblauch zu Reis beliebt, eignen sich hervorragend fürs lange Kochen bei geringer Hitze und sind noch beständiger als *Kidney Beans*. Grundsätzlich eignet sich jede Hülsenfrucht aufgrund ihrer langen Kochfähigkeit für den Eintopf, so auch *Garbanzo Beans* (Kichererbsen) oder Linsen. Die populären *Pinto Beans*, die in der mexikanischen Küche als *Refried Beans*, Bohnenbrei, einen festen Bestandteil einer jeden Mahlzeit bilden, sind mit anderen Bohnen auch im Chili zu verwenden, obwohl sie nach sehr langer Kochdauer auseinanderplatzen, sich auflösen und den Eintopf andicken.

Egal welche Bohnensorte Sie wählen, sie sollte auf jeden Fall vorher (am besten 24 Stunden zuvor) eingeweicht und aufgekocht werden. Red Kidney Beans aus der Dose sind da die Ausnahme.

Der grüne Chilieintopf
Chili Verde

2–½ Pfund Schweinefleisch
(Kotelett, oder für Braten) oder Huhn
1 mittelgroße Zwiebel, gehackt
3 mittelgroße Knoblauchzehen,
fein gehackt
1 TL frischer Ingwer, fein zerrieben
2 EL Olivenöl
500 g Tomatillos, enthäutet, geviertelt
oder 1 Dose Tomatillos
1 TL geschrotete rote Chilis
1 TL gemahlener Koriander
½ TL Zimt
1 TL gemahlener Cumin
1 TL Oregano
½ Liter Rindfleischbrühe
¼ Liter trockener Weißwein
ca. 250 g Mangoldgemüse,
klein geschnitten
125 g Cilantro (1 Bund), gehackt

1 EL Olivenöl in einem Bratentopf erhitzen, das Schweinefleisch (gewürfelt) von allen Seiten kurz anbraten und aus dem Topf nehmen. Fügen Sie das restliche Öl hinzu und braten die Zwiebel, bis sie braun werden. Knoblauch und Ingwer hinzugeben und leicht dünsten. Tomatillos und Gewürze hinzugeben und kurz dünsten. Mit Rindfleischbrühe und Wein aufgießen, das Fleisch wieder beifügen und erhitzen. Dann mit geschlossenem Deckel auf kleiner Flamme ca. 2 Stunden kochen lassen oder solange bis das Fleisch zart ist.

Das Mangoldgemüse und Cilantro hinzugeben und noch 5 Minuten leicht kochen lassen. Abschmecken und mit Reis und Tortillas als Beilage servieren. Dieses Chili kann auch als Füllung für Tacos oder Burritos verwendet werden.

Chili aus schwarzen Bohnen
Black Bean Chili

Bohnen auf einen flachen Teller geben und eventuell vorhandene kleine Steine entfernen. Bohnen waschen und mit Wasser bedecken und über Nacht einweichen lassen. Am nächsten Tag Wasser abgießen. Bohnen in einen großen schweren Topf geben, frisch aufgießen (Wasser sollte bis zu 5 cm über den Bohnen stehen). Ein Lorbeerblatt hinzugeben und aufkochen. Dann bei kleiner Flamme kochen bis gar, ca. 1 Stunde.

Getrocknete Chilischoten bei 190 °C im Ofen auf einem Backblech ca. 3 bis 5 Minuten rösten. Die Chilis werden aufgehen. Achten Sie genau darauf, die Schoten nicht zu verbrennen. Die aufgegangenen Schoten herausnehmen, abkühlen lassen und die jetzt brüchige Schote aufbrechen und Stiel, Kerne und Innenhaut entfernen. Chilis in einen elektrischen Mixer geben oder mit der Gewürzmühle zu Pulver verarbeiten. Dies ist die Basis von Chilipulver, wie Sie es in diesem Rezept verwenden. Was übrigbleibt für spätere Kochvorgänge aufbewahren.

Eine Wok-Pfanne oder eine schwere Pfanne bei mittlerer Flamme erhitzen. Cumin (ganz) hineingeben und bei ständigem Umrühren, bis er bis braun wird, erhitzen. Geben Sie Oregano hinzu, ab und zu die Pfanne hin und her schieben, damit beides nicht verbrennt. Sobald aromatisch, vom Feuer nehmen und Paprika und Cayenne daruntermischen. Ein paar mal gut umrühren. Die abgekühlte Mischung in einen Mixer oder Gewürzmühle geben und zu grobem Pulver mahlen.

Das Öl in einer gußeisernen oder Wok-Pfanne mit dickem Boden über mittlerer Flamme erhitzen. Fleisch und Zwiebeln hinzugeben, dünsten bis Zwiebeln weich und das Fleisch leicht angebraten ist. Knoblauch sowie alle gemahlenen Gewürze sowie 2 EL des Chilipulvers hinzugeben und 5 Minuten kochen. Grob geschnittene Tomaten samt Flüssigkeit dazu und etwa 15 Minuten leicht kochen lassen. Diese Mischung zu den Bohnen geben. Die Bohnen sollten höchstens 2–3 cm mit Wasser bedeckt sein, ggf. etwas Wasser entnehmen, bevor Sie die Fleisch-Tomatenmischung hinzugeben. Mindestens 2 Stunden kochen lassen. Geben Sie etwas Wasser hinzu, sollte die Mischung zu dick werden, damit die Bohnen feucht bleiben. Je länger die Bohnen kochen, um so dicker wird das Chili. Abschmecken, eventuell etwas mehr Chilipulver hinzugeben und mit etwas Essig, Salz und Cilantro würzen.

In Schüsseln servieren und mit geriebenem Käse, etwas saurer Sahne, frischem Cilantro und Lauchzwiebeln garnieren.

280 g schwarze Bohnen
1 Lorbeerblatt
2 Ancho Chilis
2 getrocknete Chipotles
1 EL Cumin
1 EL getrockneter Oregano
1 EL Paprikagewürz
½ TL Cayenne
3 EL Öl
250 g Hühnerfleisch, in 1–2 cm große Würfel geschnitten (wahlweise auch Schweinefleisch)
2 große braune Zwiebeln, gewürfelt
4 Knoblauchzehen, gepreßt
½ TL Salz
1–1½ Dosen ganze Tomaten
1 EL Essig
150 g frischer Cilantro, gehackt

Garnierung:
geriebener Käse
saure Sahne
Lauchzwiebel, gehackt

Chili mit Fleisch
Chili con Carne

2 EL Pflanzenöl
500 g mageres Rindfleisch, gewürfelt wie
für Gulasch
½ mittelgroße braune Zwiebel, gehackt
2 Stangen Staudensellerie
½ grüne Paprika, klein gewürfelt
1 große Dose Tomaten (ca. 800 g)
450 g Kidneybohnen (aus der Dose)
450 g Pinto Bohnen (aus der Dose)
2 EL Tomatenmark
2 TL Zucker
1 EL Chilipulver
½ TL Cumin
Salz und Pfeffer, nach Geschmack

Garnierung:
geriebener Käse
saure Sahne
gehackte Frühlingszwiebel

Chili con Carne ist auch die geläufige Bezeichnung für jede Form von Chilieintopf, der sich einfach und schnell zusammenstellen läßt und besonders gut an einem kalten Winterabend schmeckt. Dieses Rezept verwendet fertiges Chilipulver und ergibt ein mildes Chili, was auch bei Kindern beliebt ist. Die Schärfe läßt sich durch die Menge des hinzugegebenen Pulvers variieren.

Das Fleisch mit 1 TL Öl in einer Kasserolle oder einem schweren großen Topf ca. 10 Minuten anbraten, bis die Würfel von allen Seiten gleichmäßig braun sind. Mit Salz und Pfeffer würzen, Fleisch aus dem Topf nehmen und unter Zugabe von etwas Öl, falls erforderlich, Zwiebeln, Sellerie und Paprika etwa 5 Minuten anbraten. Dosentomaten, eventuell zerkleinert, mit Flüssigkeit hinzugeben. Bohnen abgießen und Flüssigkeit aufbewahren. Bohnen, Tomatenmark und restliche Gewürze hinzugeben und gut verrühren. Geben Sie genug Bohnenflüssigkeit hinzu, so daß Bohnen und Fleisch gut bedeckt sind. Bei kleiner Flamme 1½ Stunden kochen und gelegentlich umrühren. Die Chili wird beim Kochen dick und schmeckt um so besser je länger sie kocht. In Suppenschalen servieren und mit geriebenem Käse, saurer Sahne und gehackten Frühlingszwiebeln garnieren. Reichen Sie dazu Cornbread oder Tortillas.

Chili für Vegetarier
Vegetarian Chili

Farbenfroh und herzhaft.

Kidney Bohnen sortieren und eventuell vorhandene Steine entfernen, Bohnen waschen und über Nacht einweichen lassen. Am nächsten Tag Wasser abgießen, neu auffüllen, bis Wasser 5 cm über den Bohnen steht, und aufkochen. Flamme klein stellen und etwa 1 Stunde köcheln. Bohnen erneut abgießen und Flüssigkeit aufbewahren. Sie können natürlich auch Bohnen aus der Dose verwenden.

Die Zwiebeln in Öl in einem großen Topf anbraten bis glasig. Knoblauch, Sellerie, Karotten hinzugeben und 3 Minuten dünsten. Geben Sie dann Chilipulver, Cumin, Cayenne, Basilikum und Oregano hinzu und lassen es einige Minuten weiter dünsten.

Dann Zucchinis und Pilze hinzugeben und 5 Minuten auf mittlerer Flamme kochen. Jetzt die Tomaten, Kidney und Lima Bohnen, Tomatenmark und Wein hinzu und kurz umrühren. Die Flüssigkeit sollte die Bohnen und Gemüse gerade bedecken. Heben Sie zusätzliche Bohnenflüssigkeit auf, falls Sie später mehr hinzugeben möchten. Chili über mehrere Stunden auf kleinster Flamme köcheln.

In Suppenschalen servieren oder zu braunem oder weißem Reis reichen. Mit geriebenem Käse, dünn geschnittenen Schalotten, fein gehackten Jalapeñowürfeln, saurer Sahne oder mit Cilantro garnieren.

70 g getrocknete Kidney Bohnen
1 kleine Dose Lima Bohnen
(oder 1 kleines Päckchen eingefrorene)
2 EL Olivenöl
1 kleine weiße oder braune Zwiebel
1 kleine rote Zwiebel
2 Knoblauchzehen
2 Stangen Staudensellerie,
in Scheiben geschnitten
2 Karotten, in Scheiben geschnitten
2 EL Chilipulver
2 TL gemahlener Cumin
½ TL Cayennepfeffer
1 EL frischer Basilikum, grob gehackt
(oder 1 TL getrockneter)
1 EL frischer Oregano, grob gehackt
(oder 1 TL getrockneter)
1 gelbe Zucchini oder Squash,
in Scheiben geschnitten
1 grüne Zucchini, in Scheiben geschnitten
8 Champignons, in Scheiben geschnitten
100 g Mais (gefroren, frisch oder
eine kleine Dose)
700 g Dosentomaten samt Flüssigkeit,
Tomaten grob zerschnitten
2 EL Tomatenmark
250 ml Weißwein

Garnierung:
Geriebener Käse
geschnittene Schalotten
gehackte Jalapeñowürfel
saure Sahne

129

Getränke

Smoothies

Surfer wie auch andere Sportskanonen trinken gerne erfrischende *Smoothies*, aus frischem Obst, etwas Eiskrem, Joghurt oder Milch und Eiswürfeln zu dickflüssigen Fruchtshakes püriert. Diese können je nach Geschmack und (Un-)Ernsthaftigkeit des Sportlers mit Protein Bars aufgepeppt werden. Muskelprotze zählen auf die Proteinüberschüsse, wobei der ernährungs-gesundheitliche Vorteil dieser Energiespender wirklich umstritten ist. Solange es sich hierbei nur um natürliche Proteine handelt, ist dagegen nichts einzuwenden. Natürliche Protein-Zusätze bestehen daher meist aus Soja, Honig, Lecithin, Fruchtzucker, Mandelpaste oder verschiedenen Nüssen wie Hasel- oder Paranüssen. Andere werden mit Weizenkleie oder Haferflocken, Datteln oder Feigen zubereitet. Gesundheitsbewußte oder solche, die den Genuß von Milchprodukten reduzieren wollen, trinken reine Frucht-Smoothies oder verwenden Reismilch oder Sojamilch für cremige Smoothies. Das Beste am Smoothie ist eigentlich nur, daß er unwiderstehlich ist.

Die Rezepte ergeben, falls nicht anders angegeben, jeweils 500 ml, also einen Smoothie. Für den Smoothie brauchen Sie einen Mixer.

Purer Obst-Shake
Pure Fruit

5 Eiswürfel
frisches Obst (z. B. ¼ Cantaloupe, 1 reife
Birne, 1 Pfirsich oder Nektarine, 3 Kiwis)
1 EL Walnüsse (zerhackt)
1 EL frische oder gefrorene Beeren
(Him-, Erd-, Blau- oder Brombeeren)

Eis zerstoßen, dann das Obst und Nüsse hinzugeben und auf mittlerer Einstellung solange mixen bis dickflüssig. In geeiste Gläser geben.

Der Smoothie ergibt auch eine gute Sorbet-ähnliche Sauce zum Dessert: Verwenden Sie dafür weniger Eiswürfel und gießen Sie die Fruchtmischung über grob geschnittenes Obst oder eine Eiskugel. Besonders schmackhaft sind die Kombinationen Birne-Himbeer, Melone-Blaubeer, Melone-Himbeer, Kiwi-Erdbeer, Pfirsich-Brombeer.

Razzamatazz

Verwenden Sie für den intensiven Beerengeschmack statt Vanilleeis besser 1 Kugel Himbeersorbet oder Brombeereis.
Eiswürfel zerstoßen, weitere Zutaten hinzugeben und auf mittelhoher Einstellung mixen, bis der Mixer ruhig läuft.

5 Eiswürfel
150 ml Kirschsaft
2 EL Himbeeren (aufgetaut und abgetropft, falls gefroren, oder frische)
1 TL Vanille-Nuß Protein-Riegel (oder ½ TL Sahne, Vanilleextrakt, fein gehackte Mandeln und Honig)
1 Kugel Eis

Erdbeer-Kiwi-Shake
Strawberry Smoothie

Eiswürfel zerstoßen, Erdbeeren, Kiwi, Saft hinzu und auf kleinster Einstellung mixen bis gut vermischt. Zitronensorbet hinzugeben und kurz auf kleinster Einstellung mixen. Gefrorene Erdbeeren sind oft gezuckert; wenn Sie also frische Erdbeeren verwenden, schmeckt der Smoothie mehr nach Zitrone und kann je nach Geschmack mit Honig oder Zucker gesüßt werden.

3 Eiswürfel
5 bis 6 frische Erdbeeren (oder 1 gehäufter EL gefrorene Erdbeeren, aufgetaut, falls in Scheiben mit Saft, sonst ganz)
1 Kiwi (geschält und geviertelt)
50 75 ml Kirschsaft (bei frischen Erdbeeren mehr Saft verwenden)
1 Kugel Zitronensorbet

Pfirsich-Aprikose-Mix
Peach-Apricot Junction

Eiswürfel zerstoßen. Feigen, Nektarine oder Pfirsichstücke, Aprikosensaft, Walnüsse und Himbeersorbet hinzugeben.
Auf mittelhoher Einstellung mixen bis der Mixer ruhig läuft.

2 Eiswürfel
2 getrocknete Feigen, grob zerkleinert
1 große Nektarine oder Pfirsich, der allerdings unter heißem Wasser gepellt werden sollte
50 ml Aprikosensaft
1 EL gehackte Walnüsse (oder Mandeln oder Haselnüsse)
1 Kugel Himbeersorbet

Besser als Orangensaft
Rise and Shine

Der Vitaminstoß zum Aufwachen!

Eis zerstoßen, Datteln, frisch gepreßten Saft, Erdbeeren und Banane hinzugeben und auf mittlerer Einstellung mixen, bis dickflüssig und der Mixer ruhig läuft.

3 Eiswürfel
3 fein zerkleinerte Datteln
Saft einer Orange, frisch gepreßt
Saft von 2 Limonen, frisch gepreßt
2 bis 3 frische Erdbeeren (wahlweise)
1 Banane

Tropischer Hurrikan
Tropical Twister

Eiswürfel zerstoßen, Obst zerkleinert oder in Würfeln und den Saft hinzugeben und im Mixer auf mittelhoher Einstellung pürieren. Für einen puren Mangogeschmack lassen Sie die Papaya weg und geben Sie mehr, etwa 4 bis 5 EL, Mangofrucht oder unverdünnten Mangosaft hinzu. Für den intensiven Papayageschmack Mango weglassen und eine ganze Papaya verwenden.
Falls Sie puren Mangosaft (siehe Seite 138) verwenden, Saft verdünnen.

5 Eiswürfel
1 kleine Mango oder 3 EL
Mangofruchtfleischwürfel (z. B. gefroren)
4 dicke Würfel frische Ananas
(etwa 1 Scheibe)
½ kleine Papaya (geschält und entkernt)
oder 3 EL Papayafruchtfleischwürfel
100 ml tropischer Saft (vorzugsweise
Papaya, Orange-Mango, oder Maracuja)

Schwarzwälder Kirsch mal anders
Cherry-Choc Smoothie

Late-night-Smoothie oder After-Dinner-Smoothie.
Eiswürfel zerstoßen, restliche Zutaten hinzugeben und im Mixer auf mittlerer Einstellung mixen, bis der Mixer ruhig läuft.
Ergibt 250 ml, für mehrere Personen Angaben verdoppeln oder vervierfachen.

3 Eiswürfel
100 ml kalter Kaffee
50 ml gefrorenes Kirschsaftkonzentrat
(nicht verdünnt) oder etwa 8–10
Schattenmorellen (entkernt)
1 EL Schokoladensirup
1 Kugel Vanilleeis oder Frozen Yogurt
(Mokkaeis ist auch gut)

Die einzige Bananenplantage auf dem nordamerikanischen Festland in Santa Barbara/ Ventura County

Mexikanisches Obst-Milchgetränk
Mixto Licuado

(für 4 Personen)

frisches Obst:

z. B. ½ Honigmelone oder ½–1 ganze
Cantaloupe (je nach Größe)

2 Mangos oder ½ Ananas oder Papaya
(2–3, falls klein)

6 Eiswürfel, zerstoßen

500 ml fettarme Milch

3 EL Honig

Mexikanisches Obst-Milchgetränk, am besten eisgekühlt an heißen Sommertagen. In Südkalifornien wird es von Handkarren aus verkauft.

Eis gut zerstoßen, restliche Zutaten hinzugeben und auf mittlerer Einstellung mixen, bis der Mixer ruhig läuft. Eventuell in mehreren Durchläufen mixen, da die Menge nicht unbedingt auf einmal in den Mixer paßt.

Kalifornischer Mohn

Tee

Der Amerikaner trinkt bekanntlich Tee am liebsten kalt. Die britische Liebe zum feinen Tee übertrug sich schon von Anfang an schlecht auf die ehemalige Kronkolonie. Man denke da nur an die Boston Tea Party, bei der die Teelieferung aus Protest gegen die königlichen Zollgebühren und als sichtbarer Beweis der wachsenden Unabhängigkeit Amerikas in den Atlantik flog.

So dünn wird amerikanischer Tee auch getrunken – einem Teekenner schaudert es vor der klaren, durchsichtigen Flüssigkeit –, aber bei kalifornischen Temperaturen von 30 Grad aufwärts ist wohl kaum etwas erfrischender als *Iced Tea with Lemon*.

Iced Tea sollte in der Sonne ziehen, was demzufolge *Sun Tea* genannt wird. Schwarze Teeblätter werden in eine Karaffe oder einen *Iced Tea Jar* (ein Glasgefäß von etwa der Größe eines Gurkentopfes) gegeben, bis an den Rand mit klarem frischem Wasser aufgefüllt und in die pralle Sonne gestellt, wo der Tee bis zu 6 Stunden vor sich hin zieht. Abgießen, damit er nicht bitter wird (oder gleich Teebeutel oder drei oder mehr Tee-Eier verwenden). Den Tee dann in hohe Gläser voller Eiswürfel und Zitronenscheiben gießen. Eine halbe Zitronenscheibe einschneiden und zur Dekoration an den Rand des Glases stecken.

Eistee ist entgegen der herkömmlichen Meinung auch sehr anpassungs- und verwandlungsfreudig. Der herbe, leicht bittere (ungesüßte) schwarze Tee eignet sich hervorragend als Ausgleich für eisgekühlte Fruchtsäfte. So etwas wird *Tea Cooler* oder *Spritz* (Schuß Mineralwasser dazu) genannt. Hierfür braut man starken schwarzen Tee, der sich bis zu eine Woche im Kühlschrank hält und den man bei Bedarf in einem Glas voller Eiswürfel mit Fruchtsaft plus einem Schuß Mineralwasser aufgießt. Dieser Iced Tea braucht dank Fruchtsaft nicht gesüßt zu werden; das Getränk ist immer noch herb genug, um erfrischender zu sein als Fruchtsaft pur. Sie sollten es vermeiden, den Tee und Saft schon vor dem unmittelbaren Verbrauch zu vermischen (und vorzukühlen), denn die Mischung gärt sehr schnell. Schwarzer Tee wird während der Kühlung trübe, das wirkt sich allerdings in keiner Weise auf seinen Geschmack aus.

Sämtliche Kräuter- oder Fruchttees wie z.B. Jasmin-, Zitronenmelisse-, Malven-, Schwarze Johannisbeer- oder Maracuja-Tee sind auch sehr gut eisgekühlt zu servieren. Bei Misch-Teesorten (schwarzer Tee mit Blüten oder Beeren gemischt) sollte man darauf achten, diese nicht zu stark anzusetzen, da sie leicht bitter werden und den Fruchtgeschmack verlieren.

Iced Tea für Parties oder auf der Terrasse oder Balkon mit frischer Minze oder hauchdünnen Obstscheiben garnieren. Verwenden Sie statt Eiswürfel gefrorene Erdbeeren, Ananasdreiecke, Pfirsich- oder Mangowürfel.

Sonnentee und Eistee
Sun Tea & Iced Tea

Kaltes Wasser in ein großes Glasgefäß, am besten eine Kanne oder ein Saftglas, gießen, den Tee hinein und in die pralle Sonne stellen. Mindestens 4 Stunden ziehen lassen. Teebeutel entfernen oder Tee abgießen. Kalt stellen.

8 gehäufte EL schwarzer Tee oder
10–12 Teebeutel
1 Zitrone
2–3 Liter kaltes frisches Wasser
Süßstoff oder feiner Zucker

Iced Tea
Den Saft einer Zitrone zum Sun Tea oder anderem gekühlten Tee hinzugeben, mit Zucker oder Süßstoff abschmecken und in hohe geeiste Gläser voller Eiswürfel gießen. Mit frischer Minze oder Zitronenscheiben dekoriert servieren.
Falls Sie *Mint Tea* vorziehen, Zitrone weglassen und Tee stattdessen mit 8 bis 10 Minzeblättern kühlen. Blätter vorher zwischen den Fingerspitzen oder mit einem Messer pressen, damit das Minzeöl freigesetzt wird.
Kräutertees und Fruchttees eignen sich auch sehr gut als Iced Tea.

Himbeer-Eistee
Raspberry Tea Cooler

Hohe Gläser im Gefrierfach kalt stellen bis sie frostig aussehen. Eiswürfel hineingeben, das Glas dann zu einem Drittel mit schwarzem Tee füllen, Himbeersaft obenauf gießen. Mit Minze und gefrorenen Himbeeren dekorieren. Falls Sie den schwarzen Tee frisch zubereiten, Minzeblätter beim Aufguß hinzugeben.

500 ml starker schwarzer Tee
500 ml Himbeersaft (gut verdünnt, falls
aus Konzentrat oder aus Sirup erstellt)
1 Bund Minze
8 frische oder gefrorene Himbeeren

Aprikosensaft-Eistee
Apricot Après Beach

Vier eisgekühlte hohe Gläser mit Eiswürfeln füllen und zu je einem Drittel mit Tee, Saft und Mineralwasser auffüllen. Mit langen Strohhalmen im Glas und einem Zweig Minze servieren.

300 ml schwarzes Teekonzentrat (oder
Aprikosentee)
300 ml Aprikosensaft
300 ml Mineralwasser

Zitrone-Ingwer mit und ohne Tee
Ginger Lemon Chill

1 ca. 5 cm langes Stück frischer Ingwer, in Scheiben geschnitten
2 EL brauner Zucker
1 EL Honig
250 ml Zitronensaft (gut verdünnt, falls Konzentrat; am besten frischen Saft verwenden)
etwas geraspelte Zitronen- und/oder Orangenschale
1½ Liter frisches Wasser

Dies ist etwas für wirklich heiße Tage – herrlich erfrischend und sehr geschmacksintensiv.

Ingwer, Zucker, Honig und geraspelte Zitronenschale in einem Topf mit Wasser aufkochen, Topf vom Feuer nehmen und mit geschlossenem Deckel 30 bis 45 Minuten ziehen lassen. Ingwerscheiben und Zitronenschale entfernen, Zitronensaft hinzugeben und kalt stellen.
In hohen geeisten Gläsern servieren und mit Zitronenscheiben dekorieren.

Ginger Lemon Chill in Verbindung mit schwarzem Tee ist auch sehr gut (in halb/halb Mischung).

Eisgekühlte pürierte Mangos
Mango Madness

Für 2–3 Personen
1 große reife Mango (noch rot, nur teilweise gelb; sollte auf Fingerdruck kaum nachgeben; wenn ganz und gar gelb und weich, ist sie zu reif und nicht zu schneiden)
100 ml Saft (Maracuja, Orange-Banane, Ananas oder Orange-Aprikose)

Trotz der Verwendung von Tee, ist dies eher ein Fruchtsaftgetränk oder ein Frucht-Smoothie, da es hauptsächlich aus Mangosaft besteht.

Mango pellen und mit einem Küchenmesser längs und quer ins Fruchtfleisch schneiden. Die Würfel in den Mixer geben. Heben Sie auf Wunsch einige Mangowürfel auf und legen Sie sie auf Plastikfolie ins Kühlfach zum Gefrieren. Wenn Sie den Kern erreicht haben, den Saft aus dem restlichen, am Kern verbleibenden Fruchtfleisch ausdrücken und Kern wegwerfen. Den Saft hinzugeben und auf kleiner Einstellung (Mix oder Pürieren) zu dickflüssigem Saft mixen (ergibt ca. 400 ml Mango-Saft).
Hohe gekühlte Gläser mit Eiswürfeln füllen. Zur Hälfte oder 2/3 mit Mango-Saft füllen und mit ungesüßtem kalten Fruchttee (z. B. Himbeer-, Maracuja-, Zitrone-, Malve- oder Johannisbeertee) oder mildem Kräutertee auffüllen. Roter Tee eignet sich gut, da er oben schwimmt und daher farblich gut wirkt. Mit (halb-)gefrorenen Mangowürfeln garnieren und lange Löffel zum Umrühren dazulegen.
Verbleibenden Mango-Saft im Kühlschrank oder Gefrierfach aufbewahren oder in einem Smoothie oder für Mango Margaritas verwenden.

Kaffee

Kalifornier lieben guten Kaffee und servieren zudem wirklich exzellenten Cappuccino und Espresso. San Francisco beheimatet alteingesessene Kaffeebrennereien, die zum Großteil von italienischen Immigranten gegründet wurden. Demzufolge sind auch hier viele der besten Cafés mit europäischem Flair zu finden.

Während der 80er Jahre wurde zudem die *Designer Coffee*-Kultur an der Westküste populär, die anfangs auf dem Anti-Alkohol- und Gesund-Leben-Trend aufbaute, aber gleichzeitig von der mehr als gut verdienenden Yuppie-Klasse als Gourmet-Trend vermarktet wurde. Seitdem werden zwar bessere Kaffeesorten angeboten, die sich allerdings durch aufwendige Verpackung und elitäre pseudo-europäische Namen auch entsprechend verteuerten. Innerhalb dieser Entwicklung begann auch der Trend, *Flavored Coffees* anzubieten, d. h. Bohnen oder bereits gemahlenen Kaffee unter Zugabe von Gewürzessenzen oder Sirup geschmacklich zu verändern. Viele in Kalifornien angebotene Kaffeesorten tragen daher so geschmacklich illustre Namen wie *Chocolate Macadamia Nut, Chocolate Raspberry, Irish Cream, Hazelnut, Wild Berries, French Vanilla, Eggnog, Cheesecake, Almond* u.v.m. Hierfür wird oft der aus Italien importierte Kaffee- oder Getränkesirup verwendet, den Sie auch in Deutschland kaufen können.

Im Laufe dieses Kaffeegenießertrends schossen unzählige Straßencafés und Geschäfte wie Pilze aus dem Boden, die neben Kaffee, Cappuccino und Espresso zum Mitnehmen im kunstvoll dekorierten Thermobecher auch Flavored Coffees sowie diverse andere Arten feinster Kaffeekultur à la California verkaufen, darunter *Frappé, Iced Mocha, Iced Cappuccino* und *Decaf Double Espresso with a Twist.*

Wem bei letzterem nun doch die Ohren schlackern, sei mit freundlichem Vorbehalt erinnert, daß in Kalifornien vieles nicht sehr ernst genommen wird und der Phantasie keine Grenzen gesetzt sind. Gesundheitsbewußte Sportskanonen wie gestreßte Filmproduzenten, die gerne Espresso trinken, können sich in Kalifornien ohne Reue oder Angst vor der nächsten Herzattacke ins reinste Kaffeevergnügen stürzen. Jeder Kaffee wird überall in koffeinfreier Form angeboten, und wer selbst auf Milchfett aber nicht auf Cappuccino verzichten möchte, bestellt einfach einen *Decaf with Nonfat milk.*

Nun aber zum Twist: In Kalifornien liegt beim Espresso ein Stück Zitronenschale auf der Untertasse. Ein echter Twist ist ein ca. 5 cm langes, dünnes Stück Zitronenschale. Kenner drehen den Twist einmal, um etwas Zitrussäure in den Espresso zu geben.

Noch ein Wort zum *Mocha* (sprich: Mooka): In Kalifornien ist dies ein Cappuccino, der statt mit heißer Milch zu 50 % mit Kakao und geschäumter Milch aufgegossen wird.

Sämtliche Eiskaffees werden auf zerstoßenem Eis serviert oder gleich zu einem Frappé verarbeitet (im Mixer zu einem Shake verarbeiten). Ein Frappé ist auch so ziemlich der einzige Eiskaffee, in dem sich in Kalifornien eventuell ein wenig Vanilleeis finden läßt – von daher sind Eiskaffees sehr beliebt als kalorienarm, erfrischend und lecker.

Cappuccino auf Eis
Frozen Cappuccinos

Für 2 Personen
250–300 ml frisch gebrauter Espresso
(ca. 4 Espressos), gekühlt oder zumindest
auf Zimmertemperatur
10–12 Eiswürfel
125 ml Vollmilch
3 TL Zucker oder Süßstoff,
je nach Geschmack eine Prise Zimt
oder Kakaopulver

Heißen Espresso je nach Geschmack süßen und kalt stellen. Eiswürfel zerstoßen und Espresso und Milch in den Mixer geben. Der Milchschaum steigt von alleine nach oben. Wenn Sie mehr geschäumte Milch verwenden wollen, müssen Sie sie frisch zubereiten und zur Dekoration auf die geeisten Cappuccinos löffeln. Iced Cappuccino in zwei hohe, geeiste Gläser gießen und mit Zimt oder Kakao bestreuen.

Schoko-Kaffee auf Eis
Frozen Mocha

Für 2 Personen
125 ml frisch gebrauter Espresso
(2 Espressos), gekühlt
125 ml Kakao (mit Milch oder Wasser
aufgegossen, eher dunkel als hell)
10–12 Eiswürfel
50 ml Vollmilch
1–2 TL Zucker (oder Süßstoff)
eine Prise Zimt, Kakaopulver oder
Muskatnuß

Alle Zutaten auf zerstoßene Eiswürfel in einen Mixer geben. In zwei hohe, geeiste Gläser gießen und mit Zimt, Kakaopulver oder Muskatnuß bestreuen.

Bitte beachten:
Frozen Coffees basieren auf feinst zerstoßenen Eiswürfeln. Wenn Ihr Mixer nicht stark genug ist, um sie in der Flüssigkeit zu zerkleinern, ist es ratsam, die Eiswürfel vorher auf hoher Einstellung zu zerkleinern und die Zutaten danach hinzuzufügen. Sonst haben Sie möglicherweise ein dünnflüssiges Getränk mit großen Eisklumpen und müssen nochmal von vorne anfangen.

Cappuccino Frappé

Für 2 Personen
125 ml Espresso
1 große Kugel Vanilleeis (ca. 2 EL)
70 ml Milch
6–8 Eiswürfel
Kakaopulver

Espresso und Milch und je nach Geschmack Süßstoff oder Zucker auf zerstoßene Eiswürfel im Mixer geben und kurz mixen. Dann das Eis kurz untermixen und in geeiste Gläser gießen. Stiellöffel dazu legen und Schaum mit Kakaopulver bestreuen.

Kalifornischer Wein

Französische, deutsche, italienische und ungarische Weinbauern, die im 19. Jahrhundert nach Kalifornien kamen, erkannten schnell, daß die Täler des Russian River (Sonoma County) und Napa River (Napa County) ideal für den Weinanbau geeignet waren. Die europäische Geschichte des Weinanbaus in Kalifornien läßt sich noch heute an den Namen vieler Weingüter ablesen, so z. B. Charles Krug, Fetzer, Beaulieu, Sebastiani, Parducci, Yverdon, Mondavi, Gundlach-Bundschu und Schramsberg.

Auch Küstengebiete um Monterey und Santa Barbara sind gute Weinanbaugebiete, die die Franziskanermönche weit vor den Weinbauern entdeckten, als sie europäische Weinreben in den Missionsgärten anpflanzten.

Mit der *Prohibition* (dem Alkoholausschank und -verkaufsverbot) im ersten Viertel dieses Jahrhunderts durchlebte der kalifornische Weinhandel seine größte Krise. Seitdem ist es nur aufwärts gegangen. Im Laufe der 50er und 60er Jahre wurde kalifornischer Wein in den USA erfolgreich subventioniert, um skeptische Weinconnaisseure, die auf französische oder andere europäische Importe bestanden, von der hervorragenden Qualität des im eigenen Lande gekelterten Weines zu überzeugen. Die besten und bekanntesten Weine aus Kalifornien sind Zinfandel, Chardonnay, Cabernet Sauvignon, Merlot, Syrah, Pinot Noir, Sauvignon Blanc und Riesling. Auf einigen Weingütern wird auch Sekt nach der „methode champenoise" hergestellt, wobei Korbel mit Abstand die bekannteste Marke und für viele der beste kalifornische Champagner und mindestens so gut wenn nicht bedeutend besser als viele deutsche Sektsorten ist.

Traubenanbau (hauptsächlich für Wein, aber auch für Rosinen und Weintrauben zum Verzehr) steht an erster Stelle der Agrarproduktion. Die wachsende Popularität sowie die Verfeinerung exquisiter kalifornischer Weinsorten hat eine touristische Industrie ins Leben gerufen, die herkömmliche Touristenattraktionen in vielem übertrifft. Napa Valley, das über 225 Weingüter beheimatet, begrüßt z.Zt. bis zu 5 Millionen Besucher pro Jahr. Sämtliche Weinanbaugebiete Kaliforniens, zu denen auch Mendocino County im Norden, Sacramento, Lodi und Mother Lode im Binnenland, Central Coast, San Joaquin Valley, Central Coast South von San Luis Obispo bis Santa Barbara und die Gegend um Temecula zwischen Los Angeles und San Diego zählen, bieten Touren an, oft inklusive Weinprobe und Besichtigung der Kellereien. In Napa und Sonoma sorgen sich hervorragende Restaurants und Hotels um das Wohlbefinden der Gäste. Zudem werden Heißluftballonfahrten über die Weingüter angeboten und Weinfeste veranstaltet. In Napa alleine finden alljährlich mindestens zwei Gourmet-Festivals pro Monat statt, deren Profite oft wohltätigen Zwecken zufließen.

Die bekanntesten Weinsorten:

Zinfandel – tiefrote Farbe, relativ schwer, aber trocken. Volles Bouquet, herb bis harzig, auch mit Geschmacksnuancen der Pflaume, Piment oder schwarzem Pfeffer. Rein kalifornisch, nicht nachweisbar als ursprünglich von europäischem Rebstock. Gut zu Schimmelkäse, Rind oder herzhaften Pastagerichten.

Chardonnay – ein wunderbarer Weißwein, fruchtig (entweder nach Beeren oder auch nach Apfel) mit entsprechend gutem Bouquet, oft von herausragender, samtiger Farbe. Chardonnay ist trocken, aber nie herb und hat einen schönen Nachgeschmack. Ausgezeichnet zu Salaten, Käse, leichten Pastagerichten und zu Fisch und Vorspeisen.

Fumé Blanc – wir haben einen aus der Temecula-Gegend (Südkalifornien) probiert. Ein Weißwein aus Sauvignon Blanc-Trauben in Eichenholzfässern gelagert, wunderbar weich, rauchig, hervorragend zu gegrilltem Fisch oder gut gewürzten Speisen. Sehr viel besser als ein streng herber Weißwein wie Sauvignon Blanc.

Merlot – leichter, sehr trockener Rotwein von exquisiter Farbe. Oft harzig, Spuren von Holz. Nie bitter oder schwer. Gut zu Käse, leichten Hauptgerichten und auch zu Fisch, vor allem Cioppino oder anderen Saucen auf Tomatenbasis. Schönes unaufdringliches Bouquet.

Cabernet Sauvignon – mittelschwerer Rotwein, sehr weich, samtig,würzig mit Spuren von Beeren, oft brombeerig, auch Eichenholz. Sehr gut zu Pasta, Steak und Braten, Chili Eintopf, scharfem Käse wie auch zu Schokolade Dessert.

Pinot Noir – ein leichter Rotwein von klarer heller Farbe und warm fruchtigem, oft pfefferigem Bouquet. Sehr gut zu Lamm, Fisch oder Gegrilltem. Ein exzellenter Pinot Noir stellt jeden anderen Rotwein in den Schatten.

Die zur Küste verlaufenden Russian River Valley und Green Valley werden oft vom Küstennebel heimgesucht und sind hervorragende Anbaugebiete für Chardonnay und Pinot Noir – beide Weinsorten würden ihren Säuregehalt und dezenten Geschmack in heißeren Tälern weiter östlich verlieren. Kleine private Weinbauern haben sich erst in neuester Zeit daran gemacht, diese Reben vor Ort – häufig in biologischem Anbau – zu kultivieren und sind innerhalb der letzten 10 bis 20 Jahre für ihre international herausragenden Weine ausgezeichnet worden. Dies ist noch ein Geheimtip, denn zum einen scheuen viele Napa- und Sonoma-Touristen den Umweg in diese kühlen, wenig bevölkerten Täler, zum anderen sind diese kleinen Weingüter nicht für den kommerziellen Andrang ausgestattet.

Weintrauben, Napa Valley

Snacks zum Wein

Artischocken-Dip
Artichoke Dip

400–500 g Artischockenherzen,
abgetropft und grob geschnitten
50 g geriebener Parmesan
2 EL saure Sahne
1 TL Mayonnaise
1 TL Joghurt
(oder 1 TL frischer Ziegenkäse)
1 Schuß Hot Sauce
frisch gemahlener schwarzer Pfeffer

Zutaten in einer Glasform verrühren und bei 175 °C etwa 20 Minuten im Ofen backen, bis der Dip Blasen bildet. Frisch gemahlenem Pfeffer obendrauf und mit frischem Brot und Crackern zu Rotwein servieren. Ergibt 500 ml.

Tortillas mit Obst und Käse gefüllt
Fruit & Cheese Quesadilla

8 Weizentortillas (siehe Seite 69)
450 g Brie oder Camembert, Edamer
und Gruyère in 1 cm breite Streifen
geschnitten oder gerieben
½ reife Papaya (Papayas sind reif wenn
Sie gelb werden); als Alternative kann
man auch Mango, Birne oder kernlose
Weintrauben verwenden
1 kleine Dose Ananas, zerkleinert, oder 2
Scheiben frische Ananas, klein gewürfelt
60 g Pistazien, ohne Schale und grob
gehackt
2 Frühlingszwiebeln,
in hauchdünne Scheiben schneiden
2 EL Schnittlauch
2 Poblano Chilis, geröstet,
gepellt und gewürfelt
2 EL geschmolzene Butter
1 EL Öl

Diese exotische Quesadilla kann aufgrund der Papaya auch als Dessert gereicht werden, ist aber auch hervorragend zu Wein.

Den Ofen auf 100 °C vorheizen. Geriebene oder geschnittene Käsesorten in einer Schüssel mischen und die Obstwürfel in einer anderen vermischen. Butter mit Öl in einer kleinen Pfanne schmelzen.
Eine Teflon-Pfanne oder ungefettete flache Pfanne auf mittlerer Flamme erhitzen und die Tortillas darin etwa 15 Sekunden pro Seite aufwärmen bis sie weich sind. Warme Tortilla auf eine Arbeitsfläche geben, ¼ der Käsemischung, Obst, Pistazien, Poblanowürfel und wahlweise einige Frühlingszwiebelscheiben daraufgeben und mit einer zweiten Tortilla flach pressen. Von außen dünn mit Öl-Butter-Mischung bestreichen. Quesadilla zurück in die Pfanne geben und von beiden Seiten leicht anbräunen (Vorsicht beim Wenden). Quesadilla dann auf ein Backblech legen, um sie warm zu halten und den Käse ganz zum Schmelzen zu bringen, während Sie die anderen Tortillas zubereiten. Quesadillas in Dreiecke schneiden, mit Pistazien oder Schnittlauch garnieren und servieren.

Nordkalifornisches Weinland, Gebiet um Carneros

144

Bruschetta mit Schafskäse überbacken
Bruschetta with Feta Cheese

8 dünne Scheiben Sourdough oder
Baguette
60 g Marinara
60 g Schafskäse
60 g Schweizer Käse
frischer Basilikum

Brotscheiben toasten, mit Marinarasoße bestreichen und zwei oder drei große Schafs-käsewürfel darauf legen. Mit geriebenem Schweizer Käse bestreuen und grillen, bis der Schweizer Käse geschmolzen und Schafskäse leicht gebräunt ist. Mit frischen Basili-kumblättern garnieren.

Bruschetta mit Gorgonzola überbacken
Bruschetta with Gorgonzola

8 dünne Scheiben Sourdough oder
Baguette
2 EL Olivenöl
1 Knoblauchzehe, gepreßt
60 g Gorgonzola
2 Tomaten, gewürfelt
60 g Mozzarella, gerieben oder zer-
bröckelt
frischer gemahlener schwarzer Pfeffer
frischer Basilikum

Brotscheiben toasten. Knoblauch mit Olivenöl verrühren und dünn auf die Brotscheiben auftragen. Gorgonzola und Tomatenwürfel auf dem Brot verteilen und mit Mozzarella bestreuen. Grillen bis der Käse geschmolzen ist und mit frischem, grob gemahlenen Pfef-fer und grob gehackten Basilikumblättern garnieren.

Cocktails

Mexikanischer Weihnachtspunsch
Christmas Punch

Wasser, Zucker und Zimt zum Kochen bringen, das Trockenobst kleinschneiden und hineingeben und etwa 10 Minuten kochen lassen. Klein stellen, Port und Rum hineingießen und kurz aufkochen lassen. In Teegläsern servieren.

1 Liter Wasser
180 g brauner Zucker
1 Zimtstange
2 Äpfel
1 Birne
50 g getrocknete Feigen
50 g getrocknete Aprikosen
50 g getrocknete Pfirsiche oder Äpfel
25 g getrocknete Pflaumen
1 EL Rosinen
100–125 ml Port
100 ml dunkler Rum

Wodka-Wassermelone-Bowle
Jimbo's Vodka Gumbo

Schneiden Sie die Melone in Würfel und geben Sie ⅓ der Wassermelonenwürfel in die ausgehöhlte Melone, mit 200 ml Wodka bedecken und etwa 1 Stunde kalt stellen. Geben Sie das andere Drittel der Wassermelonenwürfel mit etwas Saft in einen Mixer zum Pürieren und gießen Sie dies dann in die Melonenbowle. Der Rest der Würfel kann für Obstsalat verwendet werden. Die Honigmelonenwürfel, Himbeeren, Pfirsichstücke und anderes Obst hinzugeben. Mit Wodka und Saft auffüllen, vorsichtig umrühren und probieren. Kalt stellen und in kleinen Gläsern mit Cocktailstäbchen oder Zahnstochern für die Obststücke servieren. Die Melonenbowle läßt sich über längere Zeit gut in einem Eisbad kühlen (d. h. eine große tiefe Schüssel zu ⅓ mit Eiswürfeln füllen und die Melone hineinstellen).

1 große gekühlte Wassermelone, möglichst ohne Kerne, ausgehöhlt
500–750 ml Wodka
½ Honigmelone, in Würfel geschnitten
200 ml ungesüßter, ungefilterter Saft
(z. B. Apfel- oder Aprikosensaft)
250 ml frisch gepreßter,
verdünnter Zitronensaft
200 g Himbeeren, Pfirsichwürfel,
Ananasstücke oder halbierte Weintrauben
zerstoßenes Eis, nach Bedarf

Bloody Mary für Langschläfer
Wake-up Bloody Mary

30 ml Wodka
250 ml Gemüse- oder Tomatensaft
½ TL Worcestershiresauce
¾ TL getrockneter Wasabi (Pulver)
½ TL Meerrettich
Saft einer dicken Limonen- oder
Zitronenscheibe
2 Schuß Tabasco oder Hot Sauce
frisch gemahlener schwarzer Pfeffer
1 lange Stange Staudensellerie,
mit Blättern

Meerrettich und Wasabi in diesem Bloody Mary erwecken selbst die müdesten Geister. Ein großes Glas mit Eiswürfeln oder zerstoßenem Eis füllen, den Wodka und Tomaten- oder Gemüsesaft hinzugeben. Worcestershire, Wasabi, Meerrettich, Limonensaft und Hot Sauce dazugeben und mit frisch gemahlenem Pfeffer bestreuen. Die Selleriestange wie einen langen Löffel hineinstellen und aufwachen.

Margarita

1 TL brauner Zucker
6 Maßeinheiten (etwa 200 ml)
dunkler Tequila
4 Maßeinheiten (etwa 150 ml) Triple Sec
6 Maßeinheiten (etwa 200 ml) frisch
gepreßter Limonensaft

Einen Mixer zur Hälfte oder zu ⅔ mit zerstoßenem Eis oder Eiswürfeln füllen. Tequila, Triple Sec und Limonensaft dazugeben und auf mittlerer Einstellung mixen. Je nach Geschmack mit 1 TL braunem Zucker oder gesüßtem Saft (z. B. Himbeersaft) süßen und in geeiste Gläser füllen. Für den authentischen Margarita können Sie die Gläser vorher mit dem Rand kurz in Limonensaft (auf einem Teller) und dann kurz in Salz tauchen, was einen kristallisierten Salzrand am Glas hinterläßt.
Für Strawberry, Blackberry oder Mango Margaritas, verwenden Sie statt Limonensaft den entsprechenden Saft, am besten gefroren, oder gefrorenes Obst (z. B. Beeren jeder Art oder Mangowürfel). Wem das zu süß ist, der kann immer noch etwas frischen Limonensaft mit in den Mixer geben.

Margaritas in der Altstadt von San Diego

Desserts

Viele Süßspeisen, die in den letzten 10 bis 15 Jahren in Kalifornien wie in ganz Amerika populär wurden, sind ursprünglich französische, italienische, spanische oder deutsche Desserts oder Kuchen, so z. B. Tiramisu, Schokoladentorte, Creme Brulee, Flan, Eis mit flambierten Früchten, *Tartlets* (kleine Obsttörtchen, oft mit Ricottafüllung und frischem Obst, im Gegensatz zu den französischen Obsttörtchen), Biscotti, Streuselkuchen (als Pie mit viel Obst; anders als der herkömmliche Blech-Streuselkuchen) und Strudelkreationen aus frischem Obst und Nüssen.

Amerikanisch sind hingegen *Apple Pie with Vanilla Ice Cream, Cheesecake, Peach* oder *Blackberry Cobbler, Carrot Cake* und *Cherry Pie*, die alle, außer *Cheesecake*, mit einer großen Kugel Eiskrem oder *Frozen Yogurt* angeboten werden. Grundsätzlich wird in Amerika sehr viel Kuchen und vor allem *Fruit Pie* als Nachspeise verzehrt, da Kaffee und Kuchen am Nachmittag unüblich sind. Die Auswahl an kalifornischen Backwaren und Süßspeisen egal welchen Ursprungs ist riesig groß, und so mußten wir uns leider auf einige wenige beschränken. Amerika ist ein Paradies für Schokoholiker und all die, die Süßspeisen dem Hauptgericht vorziehen.

Karottentorte
Carrot Cake

Dieser Kuchen ist seit den 70er Jahren sehr populär in Kalifornien. Er wird in den meisten Restaurants als Dessert angeboten und ist in jeder guten Bäckerei zu finden. Durch die Karotten und Ananas bleibt der Kuchen feucht und durch das *Frosting*, die verzierende Schicht aus Philadelphia, wird der süße Geschmack angenehm ausbalanciert.

Die trockenen Zutaten und Gewürze in eine große Schüssel geben und vor allem das Backpulver und Natriumkarbonat sehr gut vermischen. Karotten und Ananas hinzugeben und gut verrühren. In einer kleinen Schüssel Eier und Öl mit der Gabel verrühren, zum Mehl geben und mit einem Holzlöffel verrühren. Geben Sie jetzt auch die Walnüsse hinzu.

Variante 1: Teig in eine leicht gefettete Blechbackform (32 x 22 cm), oder (Variante 2) in zwei 26 cm Tortenformen gießen. 40 Minuten bei 180 °C im Ofen backen, bis die Mitte des Kuchens nicht mehr flüssig ist.

Variante 2: Beide Kuchen gut abkühlen lassen, eine dann 1 cm dick mit Frosting bestreichen, die zweite darauflegen und die gesamte Torte mit Frosting bestreichen und mit übriggebliebenem Frosting verzieren. Wer künstlerische Ambitionen hat, sollte etwas Frosting mit Lebensmittelfarbe orange färben, Karotten auf die Torte spritzen und den Rest für die Blätter grün färben.

Wenn Sie den Kuchen in der größeren Form, wie in Variante 1, backen, brauchen Sie nur die Hälfte der Frosting-Zutaten verwenden, da Sie den Kuchen nur bestreichen aber nicht füllen.

Butter und Philadelphia auf Zimmertemperatur bringen, Vanille hinzugeben und mit einem elektrischen Mixer in einer großen Schüssel schaumig rühren. Eventuell mit Zitronensaft abschmecken. Puderzucker hinzugeben und weiter rühren, bis die Mischung ganz und gar cremig ist. Dies ergibt ausreichend Frosting für einen gefüllten Kuchen.

240 g Weizenmehl
1 TL Natriumkarbonat (Baking Soda)
1½ TL Backpulver
1 TL Salz
¼ TL Nelke
2 TL Zimt
300 g Zucker
3–4 mittelgroße Karotten, geraspelt
1 kleine Dose Ananas, zerkleinert oder grob püriert, gut abgetropft
4 Eier
75 ml Pflanzenöl
60 g Walnüsse (wahlweise)

Frosting:
100 g Butter
225 g Philadelphia
1 EL frischer Zitronensaft (wahlweise)
1 TL Vanilleextrakt
100 g Puderzucker

Weiße Schokoladen- und Macadamianuß-Kekse
White Chocolate Macadamia Nut Cookie

Verwenden Sie das Classic Chocolate Chip Cookie Rezept, und ersetzen Sie die Chocolate Chips und die Nüsse durch weiße Schokolade und Macadamia Nüsse.

Nüsse und Macadamias unter den Teig heben und wie oben backen. Sie können die Kombination von Nüssen und Schokolade beliebig variieren. (Falls Macadamianüsse nicht erhältlich sind, können diese durch kleingehackte Paranüsse ersetzt werden.)

165 g beste weiße Schokolade, grob geschnitten oder zerbröckelt
60 g (ungesalzene) Macadamia Nüsse, grob zerhackt

Schokoladenkuchen mit Pecannüssen und Himbeeren

Pecan Raspberry Brownies

100 g Butter
150 g Zucker
20 g ungesüßtes Schokopulver oder
Kakao (zum Backen)
2 TL Vanille
2 Eier, geschlagen
60 g Weizenmehl
60 g Pecan- oder Walnußhälften
60 g Himbeeren

Brownies werden als Blechkuchen gebacken und dann in Quadrate oder Rechtecke geschnitten. Brownies sind weich, sollten nie trocken sein und sind für Schoko-Liebhaber ein Hochgenuß. Das Grundrezept kann unendlich variiert werden durch die Zugabe von Kokosraspeln, Erdnüssen, Erdnußbutter, Chocolate Chips, weißer Schokolade (in Form von Chips) oder getrocknetem Obst.

Experimentierfreudigen empfehlen wir, sich an der Mexican Mole zu orientieren, in der Schokolade, Nüsse und Chilischoten in der Sauce verwendet werden, und Brownies mal mit ein paar frischen, klein gehackten und entkernten Jalapeños zu backen. Die Chili verliert in dieser Kombination viel von ihrer Feurigkeit, gibt aber dafür dem Brownie eine interessante Geschmacksnuance.

Butter, Zucker, Schokopulver und Vanille in einem mittelgroßen Topf auf niedriger Flamme erhitzen. Ab und zu umrühren, dann leicht abkühlen lassen und mit geschlagenen Eiern und Mehl gut verrühren. Nüsse und Himbeeren unterheben und den Teig in eine 24 x 24 cm große, leicht gefettete Auflaufform gießen. 25 Minuten bei 180 °C backen bis sich die Brownies vom Rand lösen. In der Form abkühlen lassen und in Quadrate schneiden.

Orangenwäldchen, State Route 16, Ventura County

Frischer Kirschkuchen mit Haselnußkruste
Fresh Cherry Pie with Hazelnut Topping

Pies sind in Kalifornien keine dünn gefüllten, flachen Kuchen, sondern eher voluminöse Turmbauten, d. h. ein zur Mitte hin getürmter Berg von frischem Obst. In der Zubereitung wird kaum Zucker verwendet; seien Sie dafür bei der Eiskugel zum noch warmen Pie nicht knausrig. Wir empfehlen fettarmes Vanille-Joghurt-Eis (oder Quarkeis).

Pie-Boden:

240 g Weizenmehl
½ TL Salz
165 g Butter, gekühlt
50 ml Eiswasser

Trockene Zutaten in einer großen Schüssel verrühren. Die Butter mit einem Mixer oder Rührstab im Mehl verarbeiten, bis die Mischung wie grobes Mehl aussieht. Eine Kuhle in der Mitte formen und das Eiswasser teelöffelweise unterrühren. Verwenden Sie hierzu eine Gabel, drücken Sie den jetzt feuchten Teig an den Rand und fahren Sie so fort, bis alles Mehl vermischt ist. Teig auf ein mit Mehl bestreutes Brett oder Arbeitsfläche geben und mit den Händen bearbeiten, bis er sich leicht in eine abgeflachte Kugel drücken läßt. Die Kugel in Plastikfolie wickeln und 30 Minuten in den Kühlschrank legen.

Haselnußmischung:

2 EL Butter, Zimmertemperatur
2 EL brauner Zucker
30 g gehackte Haselnüsse
2 EL Weizenmehl

Mit einem Holzlöffel Butter, Zucker, Nüsse und Mehl in einer kleinen Schüssel verrühren. Bis zum Gebrauch im Kühlschrank aufbewahren.

Füllung:

1¼ bis 1½ kg frische Kirschen, entkernt
65 g brauner Zucker
50 g weißer Zucker
2 EL Weizenmehl
2 EL frischer Zitronen- oder Limonensaft
1 TL Zimt

Kirschen waschen und entkernen. In eine große Schüssel geben und in Zucker, Mehl, Zitronensaft und Zimt wenden.
Teig auf ein mit Mehl bestreutes Brett geben und mit einem Nudelholz in jede Richtung ausrollen. Der Kreis sollte bis zu 4 cm breiter sein als die Pie-Form (24 cm Durchmesser). Den Boden in die Form legen, Rand überhängen lassen. Den Pie mit Kirschen füllen. Den Rand über die Kirschen falten, die Mitte bleibt frei. Eine Stunde lang bei 180 °C backen, dann den Pie aus dem Ofen nehmen und die freigebliebene Mitte mit der Haselnußmischung bestreuen. Den Pie für weitere 30 Minuten in den Ofen, bis die Kruste braun ist und die Füllung Blasen wirft. Etwas abkühlen lassen. Je eine Kugel Vanille-Joghurt-Eis auf ein noch warmes Piestück geben und servieren.

Traditionelle Schokoladen-Chip Kekse
Classic Chocolate Chip Cookies

Dieser großzügig mit Chocolate Chips durchsetzte Cookie wurde zum traditionell amerikanischsten aller Kekse erklärt. Der Chocolate Chip wurde übrigens erfunden, als ein Hobbykoch zu faul war, die Schokolade für seinen Kuchen oder Kekse zu raspeln oder im Wasserbad aufzulösen, um sie so dem Teig beizufügen. Er bröckelte sie grob und gab sie dem Teig bei, in der Annahme, die Schokostücke würden sich im Verlauf des Backens schon auflösen und den Teig gleichmäßig schokoladenbraun färben. Dem war nicht so, seine Kekse kamen goldgelb mit nur leicht in sich geschmolzenen, aber noch intakten Schokostücken aus dem Ofen.

Seitdem gibt es Chocolate Chips, und die Cookies werden (oft in Untertassengröße) in fast jedem Laden verkauft. Jede amerikanische Familie schwört auf die Kekse und sogar Hillary Clinton ließ sich stolz mit selbstgemachten Choc Chip Cookies ablichten. Einige Unternehmer haben dem Trend entsprechend Cookie-Bäckereien mit Ladenverkauf von noch warmen Keksen aufgemacht. Trotz unzähliger anderer Kekse ist der Chocolate Chip Cookie noch immer der Verkaufsschlager.

Trockene Zutaten mit einem Holzlöffel gut vermischen. Butter, Zucker, Vanille mit einem elektrischem Mixer verrühren, bis die Mischung sehr locker und cremig ist, dann die Eier unterrühren. Mehlmischung nach und nach dazugeben und gut verrühren. Die Nüsse und Chocolate Chips mit einem Holzlöffel unter den Teig heben. Den Teig mit einem Löffel klecksweise auf ein Backblech geben. Bis zu 4 cm Abstand zwischen die Kleckse, nicht platt drücken. Bei 190 °C 10 bis 12 Minuten backen, bis die Kekse goldbraun sind. Kurz auf dem Blech abkühlen lassen, dann auf einen Rost zum Kühlen schieben und den Rest des Teigs backen.

Lassen Sie sich nicht irritieren, wenn der Keks nach deutscher Küchenweisheit noch weich ist und daher in der Mitte noch ungebacken wirkt. Das soll so sein.

120 g Weizenmehl
½ TL Natriumkarbonat (Baking Soda)
½ TL Salz
5 g Butter
200 g brauner Zucker
1 TL Vanille
1 Ei
60 g Wal- oder Pecannüsse, gehackt
1 Packung halbbittere Chocolate Chips
(ca. 165 g) oder die gleiche Menge grob
zerbröckelte Blockschokolade

Desserts für Ernährungsbewußte

Schoko-Mandel-Biscotti
Chocolate Almond Biscotti

Diese Biscotti werden ohne Butter oder Öl gebacken und sind daher fett- und kalorienarm. Sie lassen sich auch gut bis zu 2 Wochen in luftdichten Dosen aufbewahren. Zu Kaffee und Tee (zum *Dipping*) reichen.

3 große Eier
190 g Zucker
1 TL Vanille
¼ TL Mandelextrakt
375 g Weizenmehl
20 g Schoko- oder Kakaopulver
60 g geröstete Mandeln, gehackt
¾ TL Natriumkarbonat (Baking Soda)
¼ TL Salz

Die Mandeln bei 180 °C auf einem Backblech 5 Minuten rösten, kurz abkühlen lassen und kleinhacken. Eier, Zucker, Vanille und Mandelextrakt mit dem Mixer schaumig rühren. Mehl, Schokopulver, Natriumkarbonat und Salz gut vermischen, dies und die Mandeln unter die Ei-Zucker-Mischung rühren. Den Teig auf ein mit Mehl bestreutes Brett geben und zu einer 40 cm langen Rolle formen. Auf ein leicht gefettetes Backblech legen und auf 2 bis 3 cm Dicke flachdrücken. Bei 180 °C 30 Minuten backen, bis die Teigrolle leicht braun und oben aufgeplatzt ist. Auf einem Rost 10 Minuten abkühlen lassen. Ofen auf 170 °C herunterstellen. Die Rolle auf eine Arbeitsfläche oder ein Brett legen und in ½ bis 1 cm dicke Scheiben schneiden. Biscotti zurück aufs Backblech geben und weitere 10 Minuten pro Seite backen. Auf dem Rost abkühlen lassen. Biscotti werden beim Abkühlen hart. Ergibt bis zu 36 Biscotti.

Trockenpflaumenpüree
Prune Puree

Trockenpflaumenmus wird als Fettersatz für fettarme Backwaren verwendet. Fett läßt sich allerdings nicht vollständig aus Backwaren eliminieren, da das Gebäck sonst zäh und vom Geschmack stark pflaumig wird. Darum sollten Sie eine Kombination aus Pflaumenmus und Fett zum Backen verwenden.
Hier einige interessante Fakten: Eine Tasse Pflaumenmus enthält 407 Kalorien und 1 g Fett; die gleiche Menge Butter enthält 1.600 Kalorien und 182 g Fett; eine Tasse Öl enthält 1.944 Kalorien und 218 g Fett.

175 g entkernte Trockenpflaumen
6 EL heißes Wasser

Trockenpflaumen mit 6 EL heißem Wasser in einen Mixer oder eine Küchenmaschine geben und pürieren. Ergibt eine Tasse Mus.

Haferflocken-Rosinen Kekse
Oatmeal Raisin Cookies

Die trockenen Zutaten in einer mittelgroßen Schüssel mischen. Butter, Öl, Trockenpflaumenmus, Honig, Ei und Vanille mit dem Mixer in einer großen Schüssel cremig rühren. Nach und nach Haferflocken und Mehlmischung unterrühren, bis alles gut vermischt ist. Rosinen unterheben. Den Teig mit einem Teelöffel klecksweise auf ein leicht gefettetes Backblech geben und mind. 4 cm Abstand zwischen den Klecksen lassen. 12 bis 15 Minuten bei 175 °C backen, bis die Kekse goldbraun sind. Auf einem Rost abkühlen lassen.

200 g Vollkornweizenmehl
1 TL Salz
½ TL Natriumkarbonat (Baking Soda)
½ TL Zimt
½ TL Muskat
2 EL ungesalzene Butter (25–30 g)
2 EL Öl
250 ml Trockenpflaumenmus
60 ml Honig
1 Ei
1 TL Vanilleextrakt
120 g Haferflocken
85 g Rosinen

Gestürzter Pflaumenkuchen
Plum Upside Down Cake

Pflaumenscheiben auf dem Boden einer 28 cm Kuchen- oder Auflaufform verteilen. Gehackte Nüsse über den Pflaumen verteilen, etwas Apfelsaft daraufgießen und mit Zucker bestreuen. Mehl, Backpulver und Salz gut vermischen. Eiweiß steif schlagen, Apfelsaft hinzugeben, dann das Milchpulver, Öl und Vanille unterheben. Vorsichtig mit dem Mehl verbinden, bis alles gut vermischt ist (nicht zu lange schlagen oder rühren). Mischung über die Pflaumen gießen. Bei 180 °C 35 bis 40 Minuten goldgelb backen. 10 bis 15 Minuten abkühlen lassen. Den Kuchen stürzen und warm servieren.

400–500 g frische Pflaumen,
entsteint und in Scheiben geschnitten
30 g Nüsse, gehackt
2 EL brauner Zucker
180 g Vollkornweizenmehl
2 TL Backpulver
½ TL Salz
3 Eiweiß (möglichst große Eier, sonst 4)
60 ml Apfelsaft
45 g entrahmtes Milchpulver
75 ml Pflanzenöl (möglichst fettarm)
2 TL Vanilleextrakt

Obst

Wäre es Hollywood überlassen, die Schöpfungsgeschichte neu zu verfassen, würde Eva Adam keinen Apfel, sondern eine Orange reichen. Die kalifornische Orange symbolisierte für Amerikaner vor allem in diesem Jahrhundert den Garten Eden. Das südlich von Los Angeles gelegene Orange County verdankt der Frucht seinen Namen, denn der Blick streifte über die sich bis an den Horizont erstreckenden dunkelgrünen Baumreihen unzähliger Orangenplantagen. Heute ist davon in Orange County nichts mehr zu sehen. Orangenbäume wollen gepflegt werden, so tragen z. B. die in Los Angeles so auffälligen und vernachlässigten Straßen- und Gartenbäume bittere Früchte. Zitronen-, Limonen-, Feigen- und Avocadobäume sind um einiges pflegeleichter und ertragreicher. Der kalifornische Obstanbau hat sich seit der Zeit der Orangenplantagen auf andere Obstsorten ausgedehnt und sich mehr auf Mandeln und Weintrauben verlagert.

Hobbygärtner züchten sich zudem gerne einen Guavabaum, ernten *Prickly Pear* Früchte des Feigenkaktus oder Pflaumen und Pfirsiche aus eigenem Anbau. Mexikaner nehmen die bei der Gartenarbeit gestutzten Sprößlinge des *Beavertail Cactus*, Opuntia Basilaris oder Opuntia Ficus-Indica, ein groß- und flachblätteriger Kaktus, gerne mit nach Hause und essen die jungen Blätter klein gewürfelt als Salat.

Frische Datteln werden im Death Valley auch als Smoothie oder *Date Shake* verkauft. Aus *Prickly Pears* wird auch Gelee, Marmelade, Saft oder Sirup gemacht. Sie sind so groß wie eine Kiwi und sollten zum Verzehr rosa bis gelbrot sein.

Soviel Obst ermöglicht den ständigen Konsum von Obstsalat ohne große Kosten. Ein richtig guter Obstsalat hängt von der Kreativität beim Zubereiten ab: grüne Birnen oder Äpfel alleine sind nicht sehr attraktiv, in Kombination mit Beeren (z. B. eingefrorene Blaubeeren, wenn Sie keine frischen finden), anderem frischen Obst, Nüssen und Minze wird daraus ein guter Obstsalat. Verwenden Sie auch getrocknete Feigen und Datteln mit wenig süßem Obst. Experimentieren Sie bei der Farbzusammenstellung wie auch mit dem *crunch factor*, das heißt der richtigen Mischung von weichem und knackigem Obst, und mit Garnierungen.

Verladen von Orangen auf einem typischen Bauernmarkt in Kalifornien

Ein kleiner Hinweis, wie Sie Obst zu Hause reifen lassen können: Obst in eine braune Papiertüte oder lose in Packpapier wickeln, gut verschlossen 1 bis 2 Tage bei Zimmertemperatur liegen lassen, dann sollte es reif ohne braun zu sein. Kalifornische Obsthändler vergeben die braunen Papiertüten vor allem für Pfirsiche und Nektarinen gratis.

Herbsternte
Autumn Harvest

1 rote Birne
1 grüne Birne
1 braune Birne
1 Apfel
12 bis 15 Weintrauben, rot oder grün,
halbiert und entkernt, falls erforderlich
2 Pflaumen, gewürfelt oder in Scheiben
1 Banane, in Scheiben geschnitten
1 Orange, Mandarine oder Tangerine,
jede Scheibe geteilt oder in Stücken
2 EL Sonnenblumenkerne,
roh aber ohne Schale
½ Kiwi als Garnierung

Apfel und Birnen halbieren oder vierteln und in dünne Scheiben schneiden. Alles Obst in eine Schüssel geben, gut wenden und auf Dessertschalen verteilen. Die Sonnenblumenkerne in einer ungefetteten Pfanne rösten. Sobald sie knistern und ihr Aroma freisetzen, mit einem Holzlöffel wenden, da sie schnell verbrennen. Sobald die Kerne auf beiden Seiten braun sind, sofort aus der Pfanne nehmen und heiß auf den Salat streuen. Setzen Sie einige dünne Scheiben der Kiwi, an einer Seite zur Hälfte eingeschnitten, an den Rand jeder Schale oder des Tellers, oder direkt oben auf den Salat, so daß die Scheibe stehen bleibt.

Obstsalatsauce aus Koriander, Zitronensaft und Joghurt
Cilantro Lemon Yogurt Vinaigrette

⅓ bis ½ Bund frischer Cilantro
100 ml verdünnter, leicht gesüßter
frischer Zitronensaft
frisch gepreßter Saft einer halber Zitrone
1 TL Honig
2 EL Joghurt
etwas Reisweinessig

Cilantroblätter von den Stielen pflücken, waschen, grob zerhacken und in eine kleine Schüssel geben. Mit frisch gepreßtem Zitronensaft, Honig und Essig verrühren.
Joghurt und bis zu 100ml verdünnten Zitronensaft hinzugeben und mit einem Schneebesen verrühren. Sauce über Pacific Fruit Salad oder zu Melone und Erdbeeren, oder Apfel, Birnen und Bananen Dessert reichen.

Pazifischer Obstsalat
Pacific Fruit Salad

Fruchtfleisch der Melone mit einem Teelöffel in kleinen Kugeln entnehmen. Restliches Obst außer Datteln oder Feige in Würfeln oder Scheiben in eine Glasschüssel geben oder auf Dessertschalen verteilen. Pro Person 1 EL Cilantro Lemon Yogurt Vinaigrette über den Salat geben. Die Cashews in einer ungefetteten Pfanne erhitzen und auf den Salat geben. Mit Feigenscheiben oder -vierteln oder grob zerhackten Datteln garnieren.

2 reife Bananen
10 Erdbeeren
⅓ Cantaloupe
2 oder 3 Scheiben einer frischen Ananas
2 oder 3 kalifornische schwarze Pflaumen
1 frische Feige oder 4 Datteln,
entkernt und in Stücke geschnitten
Cilantro Lemon Yogurt Vinaigrette
4 EL gehackte Cashewnüsse

Cantaloupe Melone mit Vanillejoghurt und Blaubeeren
Cantaloupe with Vanilla Yogurt & Blueberries

Cantaloupes quer teilen, die Kerne und Fäden mit einem Eßlöffel vorsichtig heraustrennen. Schneiden Sie dann die Schale am unteren Ende der halben Melone flach ab, damit die Cantaloupe gut auf dem Teller steht. Vanillejoghurt cremig rühren, eventuell durch Zugabe von Vanilleextrakt und etwas Zucker oder frisch ausgekratzter Vanilleschote geschmacklich verfeinern und in die Melone löffeln. Mit frischen Blaubeeren und je 2 Blatt Minze garnieren.

2 Cantaloupe Melonen
500 g Vanillejoghurt
125 g Blaubeeren
8 große frische Minzeblätter

Sommerfrüchte
Summer Fruit

1 kleine Mango
1 reife Banana
4–6 Erdbeeren
125 g Schattenmorellen, entsteint
1 grüne Birne
2 kalifornische schwarze Pflaumen
1 Pfirsich
1 Kakteenfrucht
50 g Brombeeren oder Blaubeeren

Alles Obst in 1 bis 2 cm dicke Stücke oder Scheiben in eine große Schüssel schneiden, gut vermischen und mit Brombeeren oder Blaubeeren garnieren.

Melonensalat
Melon Salad

eine halbe, gekühlte Wassermelone,
entkernt und in große Würfel geschnitten
eine halbe, gekühlte Honigmelone, in
etwas kleinere Würfel geschnitten
3 Kiwis
200 g Himbeeren
125 g Blaubeeren

Geben Sie die gewürfelte Wassermelone zuerst in eine große Schüssel, legen Sie dann die Honigmelone gewürfelt darauf und dekorieren Sie das Ganze mit Kiwiwürfeln, Blau- und Himbeeren. Nicht umrühren. Ein erfrischender, farbintensiver Obstsalat.

Ernte von Honigmelonen, Fresno County, Central Valley

Biographische Notizen

Nancy Antell

geboren 1948 in San Diego/Kalifornien. Nach Studium der Anglistik und Computer-Programming Mitverlegerin des in Kalifornien bekannten Literatur- und Kunstmagazins „Rohwedder" in Los Angeles.

Durch Studienreisen in Kalifornien und in zahlreichen amerikanischen Staaten sowie in Mexiko machte sie sich mit den Koch- und Eßgewohnheiten vertraut. Nancy Antell arbeitet als Beraterin einer deutschen Firma, die in den USA Restaurants betreibt.

Birgit Nielsen

geboren 1960 in Flensburg. Nach mehrjährigem Aufenthalt in England in den 80er Jahren zahlreiche Geschäfts- und Studienreisen in die USA, vorwiegend nach Kalifornien. Seit 1990 lebt sie in Los Angeles und arbeitet als Übersetzerin und Schriftstellerin für Lehrbücher.

Schwerpunkt ihrer Arbeit sind Reiseartikel und Restaurantbeschreibungen für Zeitschriften.

Sylvia Hofflund

geboren 1960 in San Diego/Kalifornien, erhielt bereits im Alter von 10 Jahren Unterricht in Aquarelltechnik. Nach Studium in USA und England Bachelor of Art in Malerei am Art Center College of Design, Pasadena. Seit 1987 arbeitet sie als freischaffende Künstlerin. Ihre Werke wurden in zahlreichen Ausstellungen in Kalifornien, weiteren Staaten der USA und in Kanada gezeigt. Daneben arbeitet sie als Illustratorin für amerikanische Zeitschriften und Buchverlage. Sylvia Hofflund lebt mit ihrem Mann, dem Künstler Tom Iacino, in Long Beach. Die hier wiedergegebenen Bilder schuf sie eigens für dieses Buch.

Register